让人民过上幸福生活
是头等大事

任初轩◎编

人民日报出版社

北京

图书在版编目（CIP）数据

让人民过上幸福生活是头等大事 / 任初轩编 .
北京 : 人民日报出版社 , 2025. 3. -- ISBN 978-7-5115-
8702-2

Ⅰ . D668-53

中国国家版本馆 CIP 数据核字第 2025H6A089 号

书　　　名：让人民过上幸福生活是头等大事
　　　　　　RANG RENMIN GUOSHANG XINGFU SHENGHUO SHI TOUDENG DASHI

作　　　者：任初轩

出 版 人：刘华新
策 划 人：欧阳辉
责任编辑：毕春月　　张雨嫣
装帧设计：新成博创 XIN CHENG BO CHUANG

出版发行：人民日报出版社
社　　　址：北京金台西路 2 号
邮政编码：100733
发行热线：（010）65369509　65369527　65369846　65363528
邮购热线：（010）65363531　65363527
编辑热线：（010）65369521
网　　　址：www.peopledailypress.com
经　　　销：新华书店
印　　　刷：大厂回族自治县彩虹印刷有限公司
法律顾问：北京科宇律师事务所　（010）83622312

开　　　本：710mm×1000mm　　1/16
字　　　数：180 千字
印　　　张：15.5
版次印次：2025 年 4 月第 1 版　　2025 年 4 月第 1 次印刷

书　　　号：ISBN 978-7-5115-8702-2
定　　　价：48.00 元

如有印装质量问题，请与本社调换，电话：（010）65369463

目 录

 思想平台

★ 理论茶座

★ **学术圆桌**

思想平台

始终把人民利益
摆在至高无上的地位

——把牢进一步全面深化改革的
价值取向①

人民日报评论部

2024 年夏季，我国南方多地持续出现强降雨，多家保险企业开启理赔"绿色通道"，为农业防汛救灾提供保险支持。2024 年起，我国全面实施三大粮食作物完全成本保险和种植收入保险政策。与曾经只购买"基本险"相比，借助这两个高保障的险种，每亩仅需要多交 5.8 元左右，遇到同样等级的灾害，获得的赔偿就能翻倍。政策性农业保险全面推开，用财政支出的"加法"，换来稳定农户收益和保障粮食安全的"乘法"，成为全面深化改革坚持以人民为中心的生动写照。

"让人民过上好日子，是我们一切工作的出发点和落脚点。"党的十八大以来，以习近平同志为核心的党中央坚持以人民为中心的价值取向，抓住人民最关心最直接最现实的利益问题推进重点领域改革，推动全面深化改革取得历史性伟大成就。紧扣推进中国式现代化这个主题进一步全面深化改革，必须坚持以人民为中心，尊重人民主体地位和首创精神，坚持人民有所呼、改革有所应，做到改革为了人民、改革依靠人民、改革成果由人民共享，让人民群众有更多获得感、幸福感、安全感。

中国式现代化是14亿多人口的现代化，规模最大，难度也最大。把握"民生为大"的重要要求，从人民的整体利益、根本利益、长远利益出发谋划和推进改革，中国式现代化的动力才会越来越强劲。企业准入门槛大大降低，激发了经营主体活力；司法改革深入推进，公平正义的阳光洒遍大地；深化招生制度改革，推出乡村教师支持计划，教育均衡化水平不断提升……回望党的十八届三中全会以来的改革实践，一系列改革举措赢得人民衷心拥护，充分表明"为了人民而改革，改革才有意义；依靠人民而改革，改革才有动力"。

改革千头万绪，归根到底就是一个"人"字。以人民利益为旨归，改革的科学性才有支撑，落实的有效性才有保障。全面深化改革进入深水区，遇到的难以权衡的利益问题越来越多，复杂程度、敏感程度、艰巨程度前所未有。提高改革决策的科学性，很重要的一条就是要广泛听取群众意见和建议，准确把握群众实际情况究竟怎样、群众到底在期待什么、群众利益如何保障、群众对改革是否满意。改革既要往有利于增添发展新动力方向前进，也要往有利于维护社会公平正义方向前进。充分调动群众推进改革的积极性、主动性、创造性，把最广大人民智慧和力量凝聚到改革上来，才能同人民一道把改革推向前进。

发展无止境，改革无穷期。以医药卫生体制改革为例，2014年全面推开城乡居民大病保险试点，2015年实现城乡居民大病医疗保险制度全覆盖，2016年实现城乡居民医保和新农保整合，2017年城市公立医院综合改革试点全面推开，2018年国家医疗保障局挂牌，2019年在全国范围内推广国家组织药品集中采购和使用试点集中带量采购模式，2021年部署推动公立医院高质量发展，2023年跨省异地就医直接结算正式实施……一步一个脚印，改革走过了千山万水，还需要继续跋山涉水。面对人民群众新期待，必须继续把改革推向前进。把牢进一步全面深化改革的价值取向，必须注重从就业、增收、入学、就医、住房、办事、托幼养老以及生命财产安全等老百姓急难愁盼中找准改革的发力点和突破口，多推出一些民生所急、民心所向的改革举措，多办一些惠民生、暖民心、顺民意的实事。

在企业和专家座谈会上，当有学者发言提到"接下来的这轮改革，力争让更多群体有更强的获得感"时，习近平总书记赞许道："这句话正是点睛之笔，老百姓的获得感是实实在在的。"新征程上，我们要始终与人民风雨同舟、与人民心心相印，想人民之所想，行人民之所嘱，不断把人民对美好生活的向往变为现实，不断激发蕴藏在人民中的创造伟力，为中国铸就新的辉煌，为世界作出更大贡献。

《人民日报》2024 年 7 月 8 日第 5 版

充分激发蕴藏在人民群众中的创造伟力

——把牢进一步全面深化改革的价值取向②

人民日报评论部

市民的好点子，如何结出政策的"金果子"？2024年5月1日起上海市老年综合津贴实行"免申即享"的改革，就是其中代表。

2016年，上海在全国首创老年综合津贴制度，累计惠及500多万人，但一些老年人申领津贴多有不便。市民刘千荣建议：简化办理流程，增加申领渠道，实现线上办理。上海相关部门研究吸纳，升级改造信息系统，推出"免申即享"，并优化了追溯补领政策。把群众智慧转化为改革举措，有力印证了"真心拜人民为师，诚心向人民学习，虚心向人民求教，就能够得到源源不断的实践力量和理论智慧"。

一切改革的推进，都离不开人民的力量。无论促发展还是抓改革，我们党做事的一个指导思想就是尊重群众首创精神。回顾总结改革开放积累的宝贵经验，习近平总书记深刻指出："前进道路上，我们必须始终把人民对美好生活的向往作为我们的奋斗目标，践行党的根本宗旨，贯彻党的群众路线，尊重人民主体地位，尊重人民群众在实践活动中所表达的意愿、所创造的经验、所拥有的权利、所发挥的作用，充分激发蕴藏在人民群众中的创造伟力。"把牢以人民为中心的价值取向，进一步全面深化改革，必须尊重人民主体地位，充分发挥人民群众积极性、主动性、创造性，紧紧依靠人民推动改革。

习近平总书记强调："正确的道路从哪里来？从群众中来。"全面深化改革就是一场人民广泛参与的深刻变革。党的十八大以来，以习近平同志为核心的党中央以人民为中心推进改革，坚持加强党的领导和尊重人民首创精神相结合，坚持顶层设计和摸着石头过河相协调，坚持试点先行和全面推进相促进，抓住人民最关心最直接最现实的利益问题推进重点领域改革，不断增强人民获得感、幸福感、安全感，全社会形成改革创新活力竞相迸发、充分涌流的生动局面。全面深化改革植根于人民群众的创造性实践之中，有人民群众的支持和拥护，必然成功也一定能够成功。

人民是决定党和国家前途命运的根本力量。依靠人民，全面深化改革就能获得源源不断的智慧和力量。党的二十大相关工作网络征求意见活动，共收集各类意见建议留言超过854.2万条、2.9亿字。无论是科技界、产业界，还是乡村教师、种粮大户、快递小哥、餐馆店主、法律工作者等，都能通过各类渠道、各种方式提出真知灼见，推动政策落实、改革落地。从"加强对重大改革问题的调研，尽可能多听一听基层和一线的声音"，到"尊重基层首创精神，发现基层创新典型，及时宣传总结推广"，只要坚持人民立场，充分尊重人民意愿，人民就会积极支持改革、踊跃投身改革。

基层是改革创新的源头活水。发扬人民首创精神，激发基层的改革创新活力，中国式现代化的"百花园"定能更加绚丽多彩。习近平总书记深刻指出："改革任务越繁重，我们越要依靠人民群众支持和参与，善于通过提出和贯彻正确的改革措施带领人民前进，善于从人民的实践创造和发展要求中完善改革的政策主张。"进一步全面深化改革，不仅要走好新时代党的群众路线，继续围绕群众关心的就业增收、入学就医、托幼养老等急难愁盼问题，找到改革的发力点和突破口，而且要持续激发群众参与热情、畅通参与渠道、健全参与机制，及时总结群众创造的新鲜经验，提高改革决策的科学性，更好把最广大人民智慧和力量凝聚到改革上来。

"群之所为事无不成，众之所举业无不胜。"党和人民想在一起、干在一起，拼搏在一起、奋斗在一起，就能不断打开事业发展新天地。亿万人民全身心地投入改革实践，为改革谋划献计献策，为改革推进凝心聚力，我们一定能创造出令人刮目相看的新的奇迹。

《人民日报》2024 年 7 月 9 日第 5 版

着力解决人民群众所需所急所盼

——把牢进一步全面深化改革的价值取向③

人民日报评论部

二级以上公立医疗机构普通门诊"一次挂号管三天",这项江苏2024年5月推出的改革,受到群众好评。

长期以来,挂一次号当天就诊,是医院的通行规则。错过了预约时间,检查结果当天未出,或者后期复诊,都得重新挂号,既费钱又费时。延长就医挂号"有效期",给患者带来实实在在便利。这样的惠民改革启示我们:使改革更加精准地对接发展所需、基层所盼、民心所向,才能更好造福人民群众。

中国式现代化,民生为大。我们党推进全面深化改革的根本目的，就是要促进社会公平正义，让改革发展成果更多更公平惠及全体人民。个人所得税改革惠及 2.5 亿人，养老保险全国统筹推动养老保障更公平，深化农村土地制度改革促进农民增收……新时代以来，2000 多个改革方案涉及衣、食、住、行等各个环节，记录全面深化改革为了人民、依靠人民、造福人民的铿锵步伐，生动诠释"让人民生活幸福是'国之大者'"。

问题是时代的声音，人民心声是改革所向。"牛羊育肥期几个月""种什么庄稼""水产养殖怎么发展"……2016 年全国两会上，习近平总书记用了 20 分钟向一名村党委书记了解当地发展情况。习近平总书记主持召开企业和专家座谈会时强调，"注重从就业、增收、入学、就医、住房、办事、托幼养老以及生命财产安全等老百姓急难愁盼中找准改革的发力点和突破口，多推出一些民生所急、民心所向的改革举措，多办一些惠民生、暖民心、顺民意的实事"。把牢进一步全面深化改革的价值取向，找准改革的出发点和落脚点，才能更好解决人民群众所需所急所盼。

老百姓关心什么、期盼什么，改革就要抓住什么、推进什么。满足人民群众对生态环境改善的新期待，出台《中共中央国务院关于全面推进美丽中国建设的意见》；为了小微企业、个体工商户、农户及新型农业经营主体融资更加便利，出台《关于推进普惠金融高质量发展的实施意见》；从保障人民群众用药需求出发，出台《关于改革完善仿制药供应保障及使用政策的意见》……善于从群众关注的焦点、百姓生活的难点中寻找改革切入点，让人民群众有更多、更直接、更实在的获得感、幸福感、安全感，体现出党的十八大以来全面深化改革坚持以人民为中心的价值取向，成为全面深化改革赢得人民支持、取得历史性伟大成就的一条重要经验。

改革味要浓、成色要足，改革举措就要有鲜明指向性，奔着解决最突出的问题去。今天，幼有所育、学有所教、劳有所得、病有所医、老有所养、住有所居、弱有所扶，哪一项都需要我们更加关注群众多方面、多层次需求。了解民情、掌握实情，搞清楚问题是什么、症结在哪里，才能拿出破解难题的实招、硬招。身到心到，把人民群众急难愁盼的问题清单，转化为改革的责任清单、任务清单，切实提升改革的精准性、针对性、实效性，一件一件抓落实，一年接着一年干，才能不断把人民对美好生活的向往变为现实。下功夫了解群众的所想所盼，高度重视解决实际问题，时刻把群众安危冷暖放在心上，实打实为群众排忧解难，凝心聚力推动发展，我们必能在新征程上创造更加美好的生活，以进一步全面深化改革开辟中国式现代化广阔前景。

《人民日报》2024 年 7 月 10 日第 5 版

把为人民谋幸福
作为检验改革成效的标准

——把牢进一步全面深化改革的
价值取向④

人民日报评论部

在福建漳州南靖县和溪中心小学，乡村娃有了自己的足球场，既强体魄，又添欢乐；在贵州遵义道真仡佬族苗族自治县易地扶贫搬迁安置点，孩子们告别跋山涉水的上学路，在家门口就能享受到优质教育资源……教育改革的成效，写在孩子们洋溢的笑脸上，体现在日益提升的教育质量里。

一切向前走，都不能忘记为什么出发。维护好、实现好、发展好最广大人民根本利益是一切工作的出发点和落脚点。习近平总书记强调："要坚持以人民为中心，把为人民谋幸福作为检验改革成效的标准，让改革开放成果更好惠及广大人民群众。"把是否给人民群众带来实实在在的获得感，作为改革成效的评价标准，是我们党坚持人民立场、坚持全心全意为人民服务根本宗旨的生动体现，也是确保改革更加符合实际、符合经济社会发展新要求、符合人民群众新期待的必然选择。

人民的获得感，改革的含金量。习近平总书记深刻指出："改革发展搞得成功不成功，最终的判断标准是人民是不是共同享受到了改革发展成果。"深化收入分配制度改革，完善产权保护制度，建立更加公平更可持续的社会保障制度，推动城乡教育一体化改革发展，推动高校教师、科研人员薪酬分配制度改革……新时代以来，把牢以人民为中心的价值取向，一项项惠民生、暖民心、顺民意的改革举措，一笔一画描绘幼有所育、学有所教、劳有所得、病有所医、老有所养、住有所居、弱有所扶的美好画卷。

民之所需，改革所向。让群众满意是我们党做好一切工作的价值取向和根本标准。改革成效，关键要看给人民群众办成了多少事，解决了多少实际问题，群众到底认不认可、满不满意。让孩子就近上个好学校，到一个好的医院看病，就地就业，有好的生态环境……在2019年全国两会上，河南濮阳县庆祖镇西辛庄村党支部书记李连成代表道出了农民的8个梦想。习近平总书记回应，"一些已经做成了，一些还在做的过程中，一些是下一步准备要做"。如今，西辛庄村不仅有了学校、医院，还有几十家企业，人居环境也大大改善，村民们干事创业的劲头更足了。事实有力证明，从人民群众所需出发，就能找准改革的方向和突破口；以群众到底认不认可、满不满意来检验，就能让改革落到实处、取得实效。

实践告诉我们，用好改革落实机制和评价机制，推动落实主体责任，发挥改革督察作用，抓住人民群众最关心最直接最现实的利益问题，把改革举措效益充分发挥出来；把改革举措放到实践中去检验，让基层来评判，让群众来打分，确保改革促进经济社会发展、促进社会公平正义、给人民群众带来获得感，必能充分调动各方面推进改革的积极性、主动性、创造性。

保障和改善民生没有终点。甘肃平凉市民刘伟，计划用3天时间来办理企业开办手续。没想到，到了当地政务服务中心，一个窗口，不到 3 个小时，他就办好了全部手续。从昔日"门难进、事难办"，到如今的"马上办、网上办、就近办、一次办"，发展无止境，改革无止境。进一步全面深化改革，锚定人民对美好生活的向往，从最突出的问题抓起、最现实的利益出发，用心用情用力解决好群众急难愁盼问题，"好了还要再好，不能止步"，就一定能不断促进人的全面发展、全体人民共同富裕，书写出更加精彩的改革答卷。

《人民日报》2024 年 7 月 11 日第 5 版

始终坚持人民至上

——论学习贯彻习近平主席十四届全国人大一次会议重要讲话

人民日报评论员

习近平主席在十四届全国人大一次会议上发表重要讲话，深刻指出"全面建成社会主义现代化强国，人民是决定性力量"，强调在强国建设、民族复兴的新征程"我们要始终坚持人民至上"。

人民性是马克思主义的本质属性，人民立场是中国共产党的根本政治立场。为人民而生，因人民而兴，始终同人民在一起，为人民利益而奋斗，是我们党立党兴党强党的根本出发点和落脚点。自成立以来，我们党团结带领人民进行革命、建设、改革，根本目的就是为了让人民过上好日子，无论面临多大挑战和压力，无论付出多大牺牲和代价，这一点都始终不渝、毫不动摇。特别是新时代这十年，从打赢人类历史上规模最大的脱贫攻坚战，历史性地解决了绝对贫困问题，实现了小康这个中华民族的千年梦想，到深入贯彻以人民为中心的发展思想，坚持在发展中保障和改善民生，扎实推进全体人民共同富裕，再到高效统筹疫情防控和经济社会发展，有效保护人民群众生命安全和身体健康，创造了人类文明史上人口大国成功走出疫情大流行的奇迹……在以习近平同志为核心的党中央坚强领导下，我们党始终锚定"人民对美好生活的向往就是我们的奋斗目标"，牢记"江山就是人民，人民就是江山"，秉持"让人民生活幸福是'国之大者'"，坚持"把为民办事、为民造福作为最重要的政绩"，书写下国家富强、民族振兴、人民幸福的壮美华章，赢得了人民群众的真心拥护、高度信赖和大力支持。

新征程是充满光荣和梦想的远征。党的二十大擘画了全面建设社会主义现代化国家、以中国式现代化全面推进中华民族伟大复兴的宏伟蓝图，明确"中国式现代化是全体人民共同富裕的现代化"，将"坚持以人民为中心的发展思想"列为前进道路上必须牢牢把握的重大原则之一。党的理论是来自人民、为了人民、造福人民的理论，党的二十大报告系统阐述了习近平新时代中国特色社会主义思想的世界观、方法论和贯穿其中的立场观点方法，把"必须坚持人民至上"放在"六个必须坚持"的首位。要深刻认识到，为了人民而发展，发展才有意义；依靠人民而发展，发展才有动力。只有坚持以人民为中心的发展思想，坚持发展为了人民、发展依靠人民、发展成果由人民共享，才会有正确的发展观、现代化观。前进道路上，无论是风高浪急还是惊涛骇浪，人民永远是我们党最坚实的依托、最强大的底气。我们要始终坚持一切为了人民、一切依靠人民，始终与人民风雨同舟、与人民心心相印，想人民之所想，行人民之所嘱，不断把人民对美好生活的向往变为现实。

人民是历史的创造者，是决定党和国家前途命运的根本力量。赢得人民信任，得到人民支持，党就能够克服任何困难，就能够一往无前、无往不胜。强国建设、民族复兴的新征程上，要积极发展全过程人民民主，坚持党的领导、人民当家作主、依法治国有机统一，健全人民当家作主制度体系，把人民当家作主具体地、现实

地体现到党治国理政的政策措施上来，具体地、现实地
体现到党和国家机关各个方面各个层级工作上来，具体
地、现实地体现到实现人民对美好生活向往的工作上来，
实现人民意志，保障人民权益，充分激发全体人民的积
极性主动性创造性。要始终把人民放在心中最高位置，
完善分配制度，健全社会保障体系，强化基本公共服务，
兜牢民生底线，解决好人民群众急难愁盼问题，实现好、
维护好、发展好最广大人民根本利益，让现代化建设成
果更多更公平惠及全体人民，在推进全体人民共同富裕
上不断取得更为明显的实质性进展。

团结就是力量，团结才能胜利。全面建设社会主义
现代化国家，必须充分发挥亿万人民的创造伟力。今天，
我们比历史上任何时期都更接近、更有信心和能力实现
中华民族伟大复兴的目标，同时必须准备付出更为艰巨、
更为艰苦的努力。越是接近目标，越是形势复杂，越是
任务艰巨，越要把各方面智慧和力量凝聚起来，形成同
心共圆中国梦的强大合力。要坚持全心全意为人民服务
的根本宗旨，从群众中来、到群众中去，始终保持党同
人民群众的血肉联系，始终接受人民批评和监督，始终
同人民同呼吸、共命运、心连心。要围绕新时代新征程

党的中心任务凝心聚力，不断巩固发展全国各族人民大团结、海内外中华儿女大团结，充分调动一切积极因素，凝聚起强国建设、民族复兴的磅礴力量。

"中国共产党是人民的党，是为人民服务的党，共产党当家就是要为老百姓办事，把老百姓的事情办好。"一路走来，我们党紧紧依靠人民交出了一份又一份载入史册的答卷。面向未来，坚持人民至上，紧紧依靠人民，不断造福人民，牢牢植根人民，始终同人民站在一起、想在一起、干在一起，就一定能够形成勇往直前、无坚不摧的强大力量，在强国建设、民族复兴的新征程上创造新的历史伟业。

《人民日报》2023年3月17日第1版

以人民幸福安康为最终目的

周珊珊

河北明确继续加大城镇老旧小区改造力度，计划完成城镇老旧小区改造 1816 个，惠及居民 25.7 万户；内蒙古将新建乡镇养老服务中心和村级养老服务站 2350 个，并拓展提升 200 所农村互助养老幸福院服务功能；湖北提出新增 3 岁以下婴幼儿托位 4 万个，新增公办幼儿园学位 1.5 万个……开年以来，多地公布 2023 年"惠民生清单"，满足群众需求，回应民生关切。

治国有常，利民为本。在参加十四届全国人大一次会议江苏代表团审议时，习近平总书记指出："人民幸福安康是推动高质量发展的最终目的。基层治理和民生保障事关人民群众切身利益，是促进共同富裕、打造高品质生活的基础性工程，各级党委和政府必须牢牢记在心上、时时抓在手上，确保取得扎扎实实的成效。"人民对美好生活的向往就是我们的奋斗目标。新征程上，只有把发展成果不断转化为生活品质，不断增强人民群众的获得感、幸福感、安全感，才能让现代化建设成果更多更公平惠及全体人民。

治政之要在于安民。基层治理既是国家治理的"最后一公里"，也是人民群众感知公共服务效能和温度的"神经末梢"。党的二十大报告提出，"健全基层党组织领导的基层群众自治机制，加强基层组织建设，完善基层直接民主制度体系和工作体系"。这就需要健全共建共治共享的社会治理制度，充分调动群众参与基层治理的积极性。20世纪60年代，浙江诸暨枫桥创造了"发动和依靠群众，坚持矛盾不上交，就地解决，实现捕人少、治安好"的"枫桥经验"，其深刻影响延续至今。进入新时代，"枫桥经验"内涵更加丰富，需要我们继续坚持好、发展好。通过完善网格化管理、精细化服务、信息化支撑的基层治理平台，提升社会治理效能，为人民群众提供家门口的优质服务和精细管理，及时把矛盾纠纷化解在基层、化解在萌芽状态，才能以"基础实"护"百姓安"。

民生无小事，枝叶总关情。为民造福是立党为公、执政为民的本质要求。2022年，全国城镇新增就业累计实现1206万人，全国基本养老保险参保人数达10.5亿，全国保障性租赁住房开工建设和筹集265万套（间）……一个个具体数字，标注民生暖色，折射发展成色。当前，必须紧紧抓住人民群众急难愁盼问题，坚持尽力而为、量力而行，采取更多惠民生、暖民心举措。要健全就业公共服务体系，完善重点群体就业支持体系，加强困难群体就业兜底帮扶，把促进青年特别是高校毕业生就业工作摆在更加突出的位置。同时，做好收入分配调节，健全社会保障体系，强化"一老一幼"服务，持续增进民生福祉。

现代化最重要的指标是人民健康，这是人民幸福生活的基础。三年来，我国坚持人民至上、生命至上，因时因势优化调整防控政策措施，高效统筹疫情防控和经济社会发展，有效应对全球多轮疫情流行的冲击，取得了疫情防控重大决定性胜利。也要看到，人类与病毒的斗争是一个长期历史过程，当前新冠疫情传播的风险仍然存在。要抓实抓细新阶段疫情防控工作，认真落实"乙类乙管"各项措施，持续加强公共卫生、疾病防控、医疗服务体系建设，守护好人民生命安全和身体健康，统筹好疫情防控和经济社会发展。

民生连着民心，保障和改善民生没有终点，只有连续不断的新起点。2023年全国两会上，"就业创业""健康中国""社保医保"等民生话题备受关注。前进道路上，坚持以人民为中心的发展思想，踔厉奋发、勇毅前行，想人民之所想，行人民之所嘱，把事关百姓切身利益的事情抓实抓好，我们一定能凝聚起同心共圆中国梦的强大合力，不断把人民对美好生活的向往变为现实。

《人民日报》2023年3月22日第9版

一切都是为了造福人民

戴立兴

为民造福，是中国共产党立党为公、执政为民的本质要求。正在全党深入开展的学习贯彻习近平新时代中国特色社会主义思想主题教育，把"践行宗旨为民造福"作为具体要达到的目标之一。习近平总书记指出："一切脱离人民的理论都是苍白无力的，一切不为人民造福的理论都是没有生命力的。""必须坚持人民至上"作为"六个必须坚持"的重要内容，深刻揭示了习近平新时代中国特色社会主义思想的理论品格，展现了习近平新时代中国特色社会主义思想坚持造福人民的鲜明本色。

相信谁、为了谁、依靠谁，是否始终站在最广大人民的立场上，是衡量一种思想理论先进性的根本尺度。马克思主义是人民的理论，第一次创立了人民实现自身解放的思想体系。在马克思之前，社会上占统治地位的理论都是为统治阶级服务的。马克思主义一经诞生，就表明自己是为了人民、造福人民的理论。一方面，马克思主义植根人民之中，指明了依靠人民推动历史前进的人间正道，使无产阶级从自在的阶级变为自为的阶级。另一方面，马克思主义第一次站在人民的立场探求人类自由解放的道路，以科学的理论为最终建立一个没有压迫、没有剥削、人人平等、人人自由的理想社会指明了方向。同时，马克思主义不是书斋里的学问，而是为了改变人民的历史命运而创立的。马克思主义的人民性决定了马克思主义政党要始终为人民利益而奋斗。马克思认为："在无产阶级和资产阶级的斗争所经历的各个发展阶段上，共产党人始终代表整个运动的利益""他们没有任何同整个无产阶级的利益不同的利益"。正因如此，马克思主义政党能够真正做到为人民谋利益、为人类求解放而不懈奋斗，真正从理论到实践上坚持造福人民的价值追求。

以马克思主义为指导的中国共产党自成立以来，不断推进理论创新、进行理论创造，不断开辟马克思主义新境界，创立了毛泽东思想、邓小平理论，形成了"三个代表"重要思想、科学发展观，创立了习近平新时代中国特色社会主义思想。在推进马克思主义中国化时代化的历史进程中，党的创新理论始终注重造福人民。毛泽东同志强调："一切从人民的利益出发，而不是从个人或小集团的利益出发"。邓小平同志对增进人民福祉孜孜以求，强调："贫穷不是社会主义，社会主义要消灭贫穷。不发展生产力，不提高人民的生活水平，不能说是符合社会主义要求的。"江泽民同志要求我们党"始终代表最广大人民的根本利益"，强调："在任何时候任何情况下，我们的一切工作和言行都要以是否符合最广大人民的根本利益为最高衡量标准。这必须成为我们观察和处理问题的根本原则。"胡锦涛同志强调："要坚持发展为了人民、发展依靠人民、发展成果由人民共享"。中国共产党人深刻认识到，只有造福人民，党的理论才能具有旺盛生命力。

党的十八大以来，以习近平同志为主要代表的中国共产党人，创立了习近平新时代中国特色社会主义思想。我们党的理论是造福人民的理论在新时代得到充分体现。习近平总书记指出："中国共产党人的初心和使命，就是为中国人民谋幸福，为中华民族谋复兴""共产党人必须

牢记，为民造福是最大政绩""全党自觉用党的创新理论
滋养初心、引领使命，增强为党分忧、为国奉献、为民造
福的政治担当"。习近平总书记的重要论述，从党的初心
和使命的高度阐明了造福人民的极端重要性。新时代十
年，无论是打赢脱贫攻坚战，还是解决人民最关心最直接
最现实的利益问题，无论是推进健康中国、平安中国、美
丽中国等建设，还是坚持"人民至上、生命至上"取得疫
情防控重大决定性胜利，都充分展现了习近平总书记"我
将无我，不负人民"的深厚情怀和使命担当，充分展现了
习近平新时代中国特色社会主义思想始终坚持人民至上，
不断实现好、维护好、发展好最广大人民根本利益。

实践没有止境，理论创新也没有止境。新时代新征
程，不断谱写马克思主义中国化时代化新篇章，是当代
中国共产党人的庄严历史责任。我们既要不断把为民造
福事业推向前进，也要立足为民造福推进理论创新、进
行理论创造，始终站稳人民立场、把握人民愿望、尊重
人民创造、集中人民智慧，以始终造福人民的坚定性永
葆马克思主义的生机活力。

《人民日报》2023 年 4 月 10 日第 9 版

以学铸魂，站稳人民立场

——推动主题教育取得实实在在的成效

仲 音

"以学铸魂，就是要做好学习贯彻新时代中国特色社会主义思想的深化、内化、转化工作，从思想上正本清源、固本培元，筑牢信仰之基、补足精神之钙、把稳思想之舵。"习近平总书记2023年4月在广东考察时对开展主题教育提出明确要求，对"以学铸魂"作出深刻阐释，其中在阐述"站稳人民立场"时强调，"强化宗旨意识，坚守初心使命，践行党的群众路线，把人民群众满意不满意作为评判主题教育成效的根本标准，解决好人民群众最关心最直接最现实的利益问题，把惠民生的事办实、暖民心的事办细、顺民意的事办好，让现代化建设成果更多更公平惠及全体人民。"

人民性是马克思主义的本质属性，人民立场是中国共产党的根本政治立场。党的十八大以来，在以习近平同志为核心的党中央坚强领导下，我们党始终锚定"人民对美好生活的向往就是我们的奋斗目标"，秉持"让人民生活幸福是'国之大者'"，坚持"把为民办事、为民造福作为最重要的政绩"，书写下国家富强、民族振兴、人民幸福的壮美华章。无论是打赢人类历史上规模最大的脱贫攻坚战，还是坚持在发展中保障和改善民生，无论是推进健康中国、平安中国、美丽中国建设，还是坚持"人民至上、生命至上"取得疫情防控重大决定性胜利，都充分展现了习近平新时代中国特色社会主义思想的鲜明本色和根本立场。

党的理论是来自人民、为了人民、造福人民的理论。党的二十大报告系统阐述了习近平新时代中国特色社会主义思想的世界观、方法论和贯穿其中的立场观点方法，把"必须坚持人民至上"放在"六个必须坚持"的首位。在这一科学理论中，"人民"二字具有基础性、根本性的地位和作用，人民至上是理论基点、价值支点、实践原点。坚持用习近平新时代中国特色社会主义思想凝心铸魂，把这一科学理论变成改造主观世界和客观世界的强大思想武器，就要深刻领悟、准确把握必须坚持人民至上的重要立场观点方法，真正做到内化于心、外化于行。必须深刻认识到，"江山就是人民，人民就是江山。中国共产党领导人民打江山、守江山，守的是人民的心。"只有站稳人民立场，坚持全心全意为人民服务的根本宗旨，始终把人民利益放在最高位置，始终同人民站在一起、想在一起、干在一起，才能赢得民心、赢得时代，不断从胜利走向新的胜利。

全体人民共同富裕是中国式现代化的本质特征。只有坚持把实现人民对美好生活的向往作为现代化建设的出发点和落脚点，着力维护和促进社会公平正义，才能促进全体人民共同富裕。要践行宗旨为民造福，把习近平新时代中国特色社会主义思想转化为坚定理想、锤炼党性和指导实践、推动工作的强大力量，牢固树立以人民为中心的发展思想，坚持一切为了人民、一切依靠人民，自觉问计于民、问需于民，始终同人民同呼吸、共命运、心连心，着力解决人民群众急难愁盼问题，把惠民生、暖民心、顺民意的工作做到群众心坎上，增强人民群众获得感、幸福感、安全感。在这次主题教育中，要坚持边学习、边对照、边检视、边整改，把问题整改贯穿主题教育始终，让人民群众切实感受到解决问题的实际成效。

习近平总书记强调："中国共产党没有自己的私利，执政就是为人民服务，就是让人民群众幸福起来。"面向未来，心中装着百姓，手中握有真理，脚踏人间正道，我们信心十足、力量十足。让我们更加紧密地团结在以习近平同志为核心的党中央周围，坚持不懈用习近平新时代中国特色社会主义思想武装头脑、指导实践、推动工作，弘扬伟大建党精神，牢记"三个务必"，始终与人民风雨同舟、与人民心心相印，想人民之所想，行人民之所嘱，不断把人民对美好生活的向往变为现实，在新的赶考之路上向历史和人民交出新的优异答卷！

《人民日报》2023 年 4 月 21 日第 1 版

努力让人民
精神文化生活更加丰富

李　扬

物质富足、精神富有是社会主义现代化的根本要求。习近平总书记指出："实现中华民族伟大复兴的中国梦，物质财富要极大丰富，精神财富也要极大丰富。"党的二十大报告明确了接下来五年我国发展的主要目标任务，"人民精神文化生活更加丰富"是其中一项重要内容。新时代新征程，我们要牢牢把握社会主义先进文化前进方向，始终把人民对美好生活的向往作为奋斗目标，大力发展文化事业和文化产业，从需求侧与供给侧协同发力，不断丰富人民精神文化生活，为实现中华民族伟大复兴凝聚更为主动的精神力量。

精神文化生活是人民群众生活的重要组成部分，对于人的全面发展具有重要影响。自古以来,中国人就把追求美好的精神文化生活纳入人生发展和社会理想之中。中国共产党自成立之日起就是一个具有高度文化自觉的马克思主义政党,始终致力于建设一个文化繁荣、文明兴盛的社会主义中国。新中国成立后特别是改革开放以来,在党的坚强领导下,中国人民的物质生活水平不断提升,精神文化生活也更加丰富多彩。物质文明和精神文明,两个文明都要搞好,这是我们党在革命、建设、改革过程中取得的宝贵历史经验,必须倍加珍惜、始终坚持、不断发展。

党的十八大以来,中国特色社会主义进入新时代。随着我国社会主要矛盾发生新变化,人民群众对美好生活的向往越来越强烈,对精神文化生活更加看重,文化需求高品质、个性化的特点更加明显。新时代十年,我国文化建设在正本清源、守正创新中取得历史性成就、发生历史性变革,文化事业和文化产业呈现出更加繁荣、蓬勃发展的生动景象,全党全国各族人民文化自信明显增强、精神面貌更加奋发昂扬。党的二十大报告提出"从现在起,中国共产党的中心任务就是团结带领全国各族人民全面建成社会主义现代化强国、实现第二个百年奋斗目标，以中国式现代化全面推进中华民族伟大复兴"，并深刻阐述了中国式现代化的中国特色、本质要求和重大原则。中国式现代化的一个鲜明特色就是"物质文明和精神文明相协调的现代化"。我们要在大力加强社会主义物质文明建设的同时，大力加强社会主义精神文明建设，推动社会主义文化繁荣兴盛，繁荣发展文化事业和文化产业，不断满足人民群众多样化、多层次、多方面的精神文化需求，丰富人民精神世界、增强人民精神力量，促进人的全面发展。

文化建设是培根铸魂、凝神聚力的重要事业。习近平总书记指出："要坚持中国特色社会主义文化发展道路"。只有牢牢把握社会主义先进文化前进方向，坚定不移走中国特色社会主义文化发展道路，才能确保文化事业和文化产业健康发展，才能为人民群众提供更高质量的精神食粮。我们要始终坚持马克思主义指导地位，全面贯彻习近平新时代中国特色社会主义思想，使全党全国各族人民团结奋斗的共同思想基础更加巩固；要坚守中华文化立场、传承中华文化基因，把社会主义核心价值观体现到国民教育、精神文明创建、精神文化产品创作生产传播全过程；要坚持以人民为中心的发展思想，充分尊重和发挥人民群众在文化建设中的主体作用与首创精神，调动人民群众参与文化建设的积极性、主动性、创造性；要发挥好精神文化产品潜移默化的积极作用，运用各类文化形式，形成有利于推进文化自信自强的生活情景和社会氛围。

文化来源于人民、属于人民，必须服务人民、惠及人民。习近平总书记指出："满足人民过上美好生活的新期待，必须提供丰富的精神食粮""让人民享有更加充实、更为丰富、更高质量的精神文化生活"。推动人民精神文化生活更加丰富，需要统筹需求引导与供给支撑，实现需求侧和供给侧协同发力。从需求侧看，就是要以满足人民文化需求、增强人民精神力量为着力点，大力提高文化创新创造能力。要坚持运用辩证唯物主义和历史唯物主义，深入调查研究，梳理人民群众精神文化生活的急难愁盼问题。建立健全群众需求反馈机制，推广"订单式""菜单式""预约式"服务，推动社会力量广泛参与，创新开展文化服务，提升公共文化服务效能。从供给侧看，就是要研判文化事业和文化产业发展的新特征新趋势，努力提供更高质量的文化产品和文化服务。要强化高质量的文化供给，健全现代文化产业体系和市场体系，优化产业结构布局，扩大城乡居民文化消费，提升产业发展的整体实力和竞争力。深化文化领域体制机制改革，完善文化经济政策，解放和发展文化生产力，不断激发文化创新创造活力。大力推动国家文化数字化战略、文化惠民工程等重大部署落实落地，培育新型文化业态和文化消费模式，以高质量文化供给增强人们的文化获得感。

《人民日报》2023年5月12日第9版

站稳人民立场

郑云天

为什么人的问题，是检验一个政党、一个政权性质的试金石。习近平总书记指出："中国共产党执政的唯一选择就是为人民群众做好事，为人民群众幸福生活拼搏、奉献、服务。"党的二十大报告提出："必须坚持人民至上""坚持以人民为中心的发展思想""江山就是人民，人民就是江山"……"人民"是报告中出现最多的高频词之一。

人民性是马克思主义的本质属性，人民立场是中国共产党的根本政治立场。人民性也是习近平新时代中国特色社会主义思想的鲜明品格。正在全党深入开展的学习贯彻习近平新时代中国特色社会主义思想主题教育，要求以学铸魂、以学增智、以学正风、以学促干。

习近平总书记在广东考察时对"以学铸魂"作出深刻阐释，强调："站稳人民立场，强化宗旨意识，坚守初心使命，践行党的群众路线，把人民群众满意不满意作为评判主题教育成效的根本标准，解决好人民群众最关心最直接最现实的利益问题，把惠民生的事办实、暖民心的事办细、顺民意的事办好，让现代化建设成果更多更公平惠及全体人民。"

近代中国出现过大大小小许多政党，但大都昙花一现，无法带领人民完成民族独立、人民解放的任务。其中一个重要原因在于，这些政党不能代表最广大人民的利益，因而无法将广大人民群众组织起来，也无法得到人民的拥护。只有中国共产党为人民而生，因人民而兴，始终同人民在一起，没有自己特殊的利益，从来不代表任何利益集团、任何权势团体、任何特权阶层的利益。自成立以来，我们党团结带领人民进行革命、建设、改革，根本目的就是为了让人民过上好日子。无论面临多大挑战和压力，无论付出多大牺牲和代价，这一点都始终不渝、毫不动摇。

党的二十大报告系统阐述了习近平新时代中国特色社会主义思想的世界观、方法论和贯穿其中的立场观点方法，把"必须坚持人民至上"放在"六个必须坚持"的首位。在习近平新时代中国特色社会主义思想中，"人民"二字具有基础性、根本性，人民至上是理论基点、价值支点、实践原点，也是我们党治国理政的出发点、落脚点。只有站稳人民立场，坚持全心全意为人民服务的根本宗旨，始终把人民利益放在最高位置，始终同人民站在一起、想在一起、干在一起，才能赢得民心、赢得时代、赢得未来，在强国建设、民族复兴的新征程上创造新的历史伟业。

坚持用习近平新时代中国特色社会主义思想凝心铸魂，把这一科学理论变成改造主观世界和客观世界的强大思想武器，就要深刻领悟、准确把握"必须坚持人民至上"这一重要立场观点方法，真正做到把"人民至上"内化于心、外化于行。广大党员干部要坚持全心全意为人民服务的根本宗旨，坚持发展为了人民、发展依靠人民、发展成果由人民共享，把惠民生的事办实、暖民心的事办细、顺民意的事办好，让现代化建设成果更多更公平惠及全体人民；真诚倾听群众呼声、真实反映群众愿望、真情关心群众疾苦，自觉向群众学习、向实践学习，着力解决群众的操心事、烦心事，以为民谋利、为民尽责的实际成效取信于民；始终坚持党的群众路线，从群众中来、到群众中去，保持党同人民群众的血肉联系，始终接受人民批评和监督，积极回应群众关切，使我们党永远赢得人民群众的信任和拥护。

《人民日报》2023 年 7 月 17 日第 9 版

不断实现人民幸福安康

李培志

习近平总书记在参加十四届全国人大一次会议江苏代表团审议时指出："人民幸福安康是推动高质量发展的最终目的。基层治理和民生保障事关人民群众切身利益，是促进共同富裕、打造高品质生活的基础性工程，各级党委和政府必须牢牢记在心上、时时抓在手上，确保取得扎扎实实的成效。"我们党来自人民、依靠人民、为了人民，人民幸福安康是我们党的不懈追求。新征程上，我们要深入贯彻落实习近平总书记重要讲话精神，坚持把实现人民对美好生活的向往作为现代化建设的出发点和落脚点，在基层治理和民生保障方面下更大功夫，不断实现人民幸福安康。

党的十八大以来，以习近平同志为核心的党中央深入贯彻以人民为中心的发展思想，在加强基层治理和民生保障上取得显著成效。我们坚持党对基层治理的全面领导，把党的领导贯穿基层治理全过程、各方面，坚持共建共治共享，推动政府治理同社会调节、居民自治良性互动，建设人人有责、人人尽责、人人享有的基层治理共同体。我们着力保障和改善民生，建成世界上规模最大的教育体系、社会保障体系、医疗卫生体系，在幼有所育、学有所教、劳有所得、病有所医、老有所养、住有所居、弱有所扶上持续用力，人民生活全方位改善，人民群众的获得感、幸福感、安全感更加充实、更有保障、更可持续。同时要看到，新时代人民对美好生活的向往更加强烈，期待有更好的教育、更稳定的工作、更满意的收入、更可靠的社会保障、更高水平的医疗卫生服务、更舒适的居住条件、更优美的环境，这就要求我们在基层治理和民生保障上久久为功。

推进基层治理现代化。习近平总书记指出："基层强则国家强，基层安则天下安，必须抓好基层治理现代化这项基础性工作。"基层治理是国家治理的基石，统筹推进乡镇（街道）和城乡社区治理，是实现国家治理体系和治理能力现代化的基础工程。新征程上，我们要坚持以基层党建引领基层治理创新，充分发挥基层党组织领导核心作用，健全党组织领导的自治、法治、德治相结合的城乡基层治理体系。健全基层群众自治制度，加强村（居）民委员会规范化建设，完善村（居）民自治机制，深化基层民主协商，增强基层组织动员能力。适应社会结构、社会关系、社会行为方式、社会心理等方面的深刻变化，聚焦实践中遇到的新问题，完善正确处理新形势下人民内部矛盾机制，坚持和发展新时代"枫桥经验"。健全常态化管理和应急管理动态衔接的基层治理机制，完善网格化管理、精细化服务、信息化支撑的基层治理平台。把城乡社区组织和便民服务中心建设好，强化社区为民、便民、安民功能，做到居民有需求、社区有服务，让社区成为居民最放心、最安心的港湾。

不断增进民生福祉。习近平总书记指出："我们推动经济社会发展，归根到底是为了不断满足人民群众对美好生活的需要。"我们党是全心全意为人民服务的党，为民造福是立党为公、执政为民的本质要求。新征程上，我们要牢牢把握中国式现代化是全体人民共同富裕的现代化，不断实现发展为了人民、发展依靠人民、发展成果由人民共享，让现代化建设成果更多更公平惠及全体人民。更加聚焦人民群众普遍关心关注的民生问题，采取更多惠民生、暖民心举措，补齐民生保障短板，全力做好普惠性、基础性、兜底性民生建设，用心用情用力保障和改善民生，筑牢民生保障的温暖底线。健全基本公共服务体系，推进基本公共服务均等化，增强公共服务的均衡性和可及性，着力在就业帮扶、收入分配、社会保障、"一老一小"等方面下功夫见成效，实现公共服务精准高效，在促进共同富裕中更好满足人民群众高品质生活新期待。

《人民日报》2023 年 10 月 19 日第 13 版

让老百姓过上更好的日子

人民日报评论员

历史车轮滚滚向前，奋斗征程迎来新的一年。在二〇二四年新年贺词中，习近平主席回望过去一年的步伐，展望新一年的奋斗目标，指出"我们要坚定不移推进中国式现代化"，强调"我们的目标很宏伟，也很朴素，归根到底就是让老百姓过上更好的日子"。铿锵的话语掷地有声、温暖人心，彰显人民至上的价值追求，鼓舞和激励亿万人民踔厉奋发、团结奋斗。

以中国式现代化全面推进强国建设、民族复兴伟业，是全党全国各族人民在新时代新征程的中心任务。前进道路上有风光无限，也有风高浪急。越是伟大而艰巨的事业，越要保持"咬定青山不放松"的战略定力，增强"越是艰险越向前"的刚健勇毅，砥砺"踏平坎坷成大道"的顽强意志，稳扎稳打向前进。2024 年是新中国成立 75 周年，是实施"十四五"规划的关键一年。把推进中国式现代化作为最大的政治，聚焦经济建设这一中心工作和高质量发展这一首要任务，完整、准确、全面贯彻新发展理念，坚持稳中求进、以进促稳、先立后破，全面深化改革开放，进一步提振发展信心，增强经济活力，"中国号"巨轮就一定能够劈波斩浪、行稳致远。

小康梦、强国梦、中国梦，归根到底是老百姓的"幸福梦"。百余年来，我们党团结带领人民进行革命、建设、改革，根本目的就是为了让人民过上好日子。新时代以来，从以"不获全胜决不收兵"的意志打赢了人类历史上规模最大的脱贫攻坚战，到以"什么都可以豁得出来"的担当筑牢抗击疫情、守护人民生命安全和身体健康的坚实防线；从坚持在发展中保障和改善民生、建成世界上规模最大的社会保障体系，到坚持良好生态环境是最普惠的民生福祉，努力为子孙后代留下天蓝、地绿、水清的美丽家园……以习近平同志为核心的党中央坚守"人民对美好生活的向往就是我们的奋斗目标"的信念，从人民群众最关心最直接最现实的利益问题入手，一件事情接着一件事情办，让人民群众的获得感成色更足、幸福感更可持续、安全感更有保障。

中国式现代化是全体人民共同富裕的现代化，致力于让全体中国人民一起迈向现代化、让每一个中国人都过上美好生活。面向未来，我们要始终坚持以人民为中心的发展思想，通过做大"蛋糕"不断增进民生福祉，着力解决人民群众急难愁盼问题，把维护好、实现好、发展好最广大人民根本利益作为一切工作的出发点和落脚点，把惠民生、暖民心、顺民意的工作做到群众心坎上，让现代化建设成果更多更公平惠及全体人民。

习近平主席强调："孩子的抚养教育，年轻人的就业成才，老年人的就医养老，是家事也是国事，大家要共同努力，把这些事办好。"中国式现代化是全体中国人民的事业，必须紧紧依靠人民，汇聚蕴藏在人民中的无穷智慧和力量，充分调动广大人民的积极性、主动性、创造性，充分激发全社会创造活力。让大家心情愉快、人生出彩、梦想成真，尤需营造温暖和谐的社会氛围，拓展包容活跃的创新空间，创造便利舒适的生活条件。幸福不会从天而降，好日子都是靠奋斗来的。我们每一个人都挥洒汗水、敢闯敢拼，埋头苦干、拼搏奋斗，就一定能汇聚新时代中国昂扬奋进的洪流，让蓝图变成美好现实、让日子越过越红火。

强国建设、民族复兴的宏伟目标令人鼓舞、催人奋进。让我们始终把人民放在心中最高位置，紧紧围绕推进中国式现代化这个最大的政治，扎实工作、开拓前进，用新的伟大奋斗书写新的历史，用辛勤汗水浇灌更加幸福美好的生活。

《人民日报》2024年1月6日第1版

坚持以人民为中心的工作导向

人民日报评论部

《巡按斩子》《三篙恨》《三子贵》……在湖南省岳阳县文化馆，只需花一元钱，群众就能畅享一场地方戏带来的文化盛宴。自 2012 年以来，岳阳县以"政府买单、剧团服务、百姓受惠"的运行机制，持续开展"一元剧场"文化惠民活动。"常年举办、月月创新、周周火爆"，"一元剧场"已累计演出超 200 场，惠及群众 60 余万人次。"一元剧场"的创办和开展，让越来越多人得到精神滋养，成为提升群众文化获得感、幸福感的生动实践。

文化是凝聚人心的精神纽带，也是增进民生福祉的关键因素。习近平总书记对宣传思想文化工作作出重要指示，提出"七个着力"的要求，其中一个重要内容就是"着力推动文化事业和文化产业繁荣发展"。党的十八大以来，以习近平同志为核心的党中央坚持以人民为中心的发展思想，推进文化事业和文化产业全面发展，推动文化惠民、文化悦民、文化富民在新时代文化繁荣发展中不断实现。坚持以习近平文化思想为引领，不断开创宣传思想文化工作新局面，必须深刻体会到以人民为中心的工作导向体现了我们党领导和推动文化建设的鲜明立场，把满足人民精神文化需求作为宣传思想文化工作的出发点和落脚点。

新时代以来宣传思想文化改革发展历程，贯穿着以人民为中心的鲜明主线，充分彰显了习近平总书记深厚的人民情怀。指出"社会主义文艺，从本质上讲，就是人民的文艺"，强调"要推动公共文化服务标准化、均等化，坚持政府主导、社会参与、重心下移、共建共享，完善公共文化服务体系，提高基本公共文化服务的覆盖面和适用性"，要求"坚持把社会效益放在首位、社会效益和经济效益相统一，深化文化体制改革，完善文化经济政策"……习近平总书记的一系列重要论述深刻回答了文化为什么人的问题，彰显了党的性质宗旨和初心使命。只有坚定人民立场，增强文艺原创能力，提高公共文化服务水平和文化产业发展质量，才能更好满足人民精神文化生活新期待，增强人民群众文化获得感、幸福感，也才能充分激发人民群众的活力创造力，使文化发展获得不竭动力源泉。

以人民为中心，就要把人民作为文艺表现的主体，把人民作为文艺审美的鉴赏家和评判者，把为人民服务作为文艺工作者的天职。从《伟大征程》《我们的四十年》《外交风云》等重大主题作品成为群众的"精神刚需"，到《大江大河》《山海情》《人世间》等优秀现实题材作品深受欢迎，再到《只此青绿》《国家宝藏》《典籍里的中国》等作品展现厚重中华文化底蕴，新时代以来，我国文化艺术创作坚持以人民为中心的创作导向，精品更多，质量更高，丰富了群众精神文化生活。实践证明，创造更多同新时代相匹配的文化精品，实现从"高原"到"高峰"的迈进，就要紧跟时代潮流、把握人民需求，为人民书写、为人民抒情、为人民抒怀，从人民生活和祖国大地获得取之不尽、用之不竭的创作源泉。

公共文化服务是实现好、维护好、发展好人民基本文化权益的主要途径。在城市，"城市书房""文化驿站"等文化空间人气高涨；在乡村，乡亲们在文化服务中心读书看报、观赏电影、开展文体活动；在线上，数字图书馆、国家公共文化云平台、"云端博物馆"等内容丰富，优质的文化艺术资源不再受时空阻隔……近年来，覆盖城乡、便捷高效、保基本、促公平的现代公共文化服务体系加快构建，广大群众享受到更加充实、更为丰富、更高质量的精神文化生活。面向未来，坚持以人民为中心，立足城乡特点，打造有特色、有品位的公共文化空间，深入实施文化惠民工程，扩大公共文化服务覆盖面，增强实效性，定能更好满足人民精神文化生活新期待。

文化来源于人民、属于人民，必须服务人民、惠及人民。新征程上，深入学习贯彻习近平文化思想，坚持以人民为中心的工作导向，尊重人民主体地位，保障人民文化权益，创新实施文化惠民工程，就能以高质量文化供给不断满足人民群众多样化多层次多方面的精神文化需求，为广大人民群众提供更丰富、更有营养的精神食粮，为全面建设社会主义现代化国家凝聚强大精神力量。

《人民日报》2024年2月7日第5版

靠实干奋斗
使人民群众生活越来越好

夏锦文

奋斗创造历史,实干成就未来。习近平总书记在山东考察时指出:"老百姓的幸福生活是干出来的。我们要靠实干奋斗,实现中华民族伟大复兴,使人民群众生活越来越好。"回顾党百余年的奋斗历程,我们党带领人民群众所取得的一切成就,都源于实干、源于奋斗。社会主义是拼出来、干出来、拿命换来的,不干,半点马克思主义都没有,过去如此,新时代也是如此。新征程上,以中国式现代化全面推进强国建设、民族复兴伟业,党员干部更要拼、更要干,当好中国式现代化建设的坚定行动派、实干家,创造经得起历史和人民检验的实绩,使人民群众生活越来越好。

坚持干的导向。天地之大，黎元为先。我们党从成立之日起，就把"人民"二字镌刻在自己的旗帜上，始终坚定站稳人民立场，坚持人民利益高于一切，坚持一切为了人民、一切依靠人民，诚心诚意为人民谋利益。只有坚持人民至上，党员干部干事创业才有价值、才有意义。靠实干奋斗使人民群众生活越来越好，就要坚持干的导向，树立正确的政绩观，把为民办事、为民造福作为最重要的政绩，把为人民群众办了多少好事实事作为检验政绩的重要标准。如果没有正确的政绩观，心里总想着个人的名利、升迁，动作就会变形走样，工作中就容易出现盲目蛮干、哗众取宠、华而不实、投机取巧、急功近利、劳民伤财等问题。党员干部要清醒认识到，自己手中的权力、所处的岗位，是党和人民赋予的，是为党和人民做事用的，只能用来为民谋利，必须想人民之所想、行人民之所嘱，不断把人民对美好生活的向往变为现实，让人民群众的获得感、幸福感、安全感更加充实、更有保障、更可持续。

增强干的动力。"为官避事平生耻"。干事担事，是干部的职责所在，也是价值所在。当前，我们肩负使命任务的艰巨性、面对风险挑战的严峻性、进行伟大斗争形势的复杂性都前所未有，更加需要保持和发扬革命加拼命的精神，让敢为善为、主动作为成为党员干部的鲜明标识。通过实干奋斗让人民群众生活越来越好，就要增强干的动力。首先要增强精神动力。思想认识不提高、党性修养不增强，就难有干事创业的强大精神动力。党员干部要不断筑牢理想信念之基，补足干事创业的精神之钙，坚定战胜各种风险挑战的信心和底气，鼓足锐意进取、担当作为的精气神，以"时时放心不下"的责任感恪尽职守、担当作为。其次要完善相关制度。要完善担当作为的激励和保护机制，健全完善综合考核办法，严格落实"三个区分开来"，旗帜鲜明地为担当者担当、为负责者负责、为干事者撑腰、为创新者鼓劲，更好激发党员干部的积极性、主动性、创造性，形成奋进新征程、建功新时代的浓厚氛围和生动局面。

形成干的合力。齐众心、汇众力、聚众智，是我们党推动事业发展的宝贵经验。只要坚定不移把党中央决策部署落实到位，心往一处想、劲往一处使、拧成一股绳，我们就能形成无往而不胜的磅礴力量。通过实干奋斗让人民群众生活越来越好，就要形成干的合力。要更加坚定自觉地拥护"两个确立"、做到"两个维护"，自觉在思想上政治上行动上同以习近平同志为核心的党中央保持高度一致，看准了就抓紧干，不折不扣抓落实、雷厉风行抓落实、求真务实抓落实、敢作善为抓落实，形成以钉钉子精神狠抓落实的良好局面。"乘众人之智，则无不任也；用众人之力，则无不胜也。"形成干的合力，就要走好新时代党的群众路线，充分调动人民群众的积极性、主动性、创造性，把人民群众中蕴藏的无穷无尽力量充分激发出来，把各方面的干劲带起来，激励群众依靠自己的双手创造幸福生活。

《人民日报》2024 年 6 月 28 日第 9 版

抓改革是为了
让人民过上更好的日子

许宝健

近年来，山东省日照市推进海岸线生态保护修复，还海于民、还景于民，为群众提供了休闲度假的好去处；上海市静安区开展家庭养老床位服务试点，把专业机构和社区的照护服务延伸至老人的身边、床边，让更多老人在家舒心养老；广东省深圳市多渠道筹集建设保障性租赁住房，让新市民、青年人有房住、住得好、留下来、发展好……全面深化改革向纵深推进，人民群众有了更多获得感、幸福感、安全感。习近平总书记指出："我们抓改革、促发展，归根到底就是为了让人民过上更好的日子。"习近平总书记的重要讲话深刻阐明了改革的价值取向，为新征程上进一步全面深化改革提供了价值指引。

"贫穷不是社会主义"，基于人民对过上更好日子的期盼，我们党毅然决然开启改革开放进程。40多年来，虽然改革的具体内容、重点在不同阶段有所不同，但一切为了人民的价值取向一以贯之、从未改变。党的十八大以来，我们党把人民对美好生活的向往作为奋斗目标，把全面深化改革纳入"四个全面"战略布局，推出一系列改革举措，不断满足人民群众美好生活需要。大如分配制度的不断完善、户籍制度改革的有序推进、就业优先政策的持续强化，小如垃圾分类、清洁取暖、厕所革命……人民群众的关注点一次次成为改革的发力点，一项项改革举措惠及亿万人民群众。实践充分说明，改革不是高高在上的，不能大而空，不能摆花架子，必须坚持以人民为中心的发展思想，奔着人民群众关心的问题去，盯着人民群众迫切要解决的问题改。为了人民而改革，改革自然就会得到人民的拥护和支持。

改革是发展的动力，人民是推进改革的强大力量。习近平总书记强调："依靠人民而改革，改革才有动力。"人民群众是历史的创造者，是改革的主体。没有人民群众参与，改革就很难推进。既通过提出并贯彻正确的理论和路线方针政策带领人民前进，又从人民实践创造和发展要求中获得动力，让人民共享改革发展成果，这是我们党为了人民、依靠人民推进改革的内在逻辑，也是改革成功的密码。汲取人民的智慧，关注基层的创造，及时总结各方面的实践探索，把实践经验提炼上升为可复制、可推广的政策，这是新征程上进一步全面深化改革必须牢牢坚持的方法。

中国式现代化，民生为大。全面深化改革，人民至上。改革，改到深处是民生，是为了让人民过上更好的日子。改革开放以来，人民群众普遍从改革中获得实惠，是改革的最大受益者。对于继续把改革推向前进，人民群众具有高度共识。同时要看到，全面深化改革越向纵深推进，各方面的关系就越复杂、各种利益的平衡就越难。这就更加要求我们把牢价值取向，坚持从人民的整体利益、根本利益、长远利益出发谋划和推进改革。既要聚焦现阶段人民群众需求强烈的重点实事，看准了的就抓紧干，更要"风物长宜放眼量"，多做打基础利长远的事，以全局观念和系统思维推动各项改革同向发力，持续释放以改革惠民生的强大效能。

把牢价值取向，就要走好新时代党的群众路线。要始终坚持改革为了人民、改革依靠人民，紧盯人民群众的所呼所求、所需所盼，注重从就业、增收、入学、就医、住房、办事、托幼养老以及生命财产安全等老百姓急难愁盼中找准改革的发力点和突破口，多推出一些民生所急、民心所向的改革举措，多办一些惠民生、暖民心、顺民意的实事，切实做到人民有所呼、改革有所应，使改革能够让人民群众有更多获得感、幸福感、安全感，充分体现我们抓改革、促发展，归根到底就是为了让人民过上更好的日子。

《人民日报》2024年7月4日第9版

坚持人民至上谋划和推进改革

——论学习贯彻党的二十届三中全会精神

人民日报评论员

抓改革、促发展，归根到底就是为了让人民过上更好的日子。党的二十届三中全会审议通过的《中共中央关于进一步全面深化改革、推进中国式现代化的决定》，坚持人民至上，从人民整体利益、根本利益、长远利益出发谋划和推进改革，充分彰显了我们党的性质宗旨、初心使命，充分体现了习近平新时代中国特色社会主义思想的世界观和方法论。

党的十八大以来，以习近平同志为核心的党中央坚持以人民为中心推进改革，始终把人民利益摆在至高无上的地位，抓住人民最关心最直接最现实的利益问题推进重点领域改革。从聚焦解决"看病难、看病贵"问题推进国家组织药品和耗材集中带量采购，到秉持"良好生态环境是最普惠的民生福祉"推进生态文明体制改革，从户籍制度改革让 1.4 亿农业转移人口落户城镇，到司法体制改革努力让人民群众在每一个司法案件中感受到公平正义……顺应民心、尊重民意、关注民情、致力民生，通过改革给人民群众带来更多实实在在的利益。实践充分证明，坚持人民至上谋划和推进改革，把改革方案的含金量充分展示出来，使改革更好对接发展所需、基层所盼、民心所向，进一步全面深化改革就拥有最坚实的依托、最强大的底气、最澎湃的动力。

总结和运用改革开放以来特别是新时代全面深化改革的宝贵经验，这次全会提出了进一步全面深化改革必须贯彻的"六个坚持"重大原则，"坚持以人民为中心"正是其中重要一条。必须深刻认识到，让广大人民群众共享改革发展成果，是社会主义的本质要求，是社会主义制度优越性的集中体现。改革开放在认识和实践上的每一次突破和深化，改革开放中每一个新生事物的产生和发展，改革开放每一个领域和环节经验的创造和积累，无不来自亿万人民的智慧和实践。新征程上，把牢进一步全面深化改革的价值取向，坚持人民有所呼、改革有所应，做到改革为了人民、改革依靠人民、改革成果由人民共享，就能确保改革始终得到人民群众衷心拥护。

中国式现代化是全体人民共同富裕的现代化，在发展中保障和改善民生是中国式现代化的重大任务。我国社会主要矛盾已经转化为人民日益增长的美好生活需要和不平衡不充分的发展之间的矛盾，推动高质量发展面临的突出问题依然是发展不平衡不充分，城乡区域发展和收入分配差距仍然较大，民生保障、生态环境保护仍存短板。这次全会顺应人民群众新期待，继续把改革推向前进，正是坚持以人民为中心、让现代化建设成果更多更公平惠及全体人民的必然要求，是推动高质量发展、更好适应我国社会主要矛盾变化的迫切需要。全会以促进社会公平正义、增进人民福祉为出发点和落脚点，就完善收入分配制度、完善就业优先政策、健全社会保障体系、深化医药卫生体制改革、健全人口发展支持和服务体系，提出一系列重大改革举措。这些举措的落地见效，必将不断造福人民。

"为了人民而改革，改革才有意义；依靠人民而改

革，改革才有动力。"进一步全面深化改革坚持人民至
上，就要笃定"老百姓关心什么、期盼什么，改革就要
抓住什么、推进什么"，多推出一些民生所急、民心所向
的改革举措，多办一些惠民生、暖民心、顺民意的实事。
要大兴调查研究，走好群众路线，问需、问计于民，尊
重基层和群众首创精神，注重从老百姓急难愁盼中找准
改革发力点和突破口，增强群众获得感、认同度，汇集
民智、凝聚民心，紧紧依靠人民把改革推向前进。

中国共产党是为人民服务、为人民造福的党。党的
一切工作都是为了实现好、维护好、发展好最广大人民
根本利益。锚定进一步全面深化改革总目标、把牢价值
取向，坚持人民至上谋划和推进改革，以实绩实效和人
民群众满意度检验改革，我们一定能在新的赶考之路上
向历史和人民交出新的优异答卷。

《人民日报》2024 年 7 月 22 日第 3 版

坚持以人民为中心推进改革

人民日报评论部

外来务工人员较多的上海市闵行区，先后建起多个新时代城市建设者管理者之家，为环卫、快递等劳动者提供保障性租赁住房；户籍老年人口占比超四成的普陀区，搭建智慧助餐系统，老年人在全区任何一家长者食堂就餐，都能"一网结算""一卡通吃"；高楼林立的静安区，建设"美丽街区"时采纳市民建议，对承载记忆的石库门"修旧如旧"……上海各区因地制宜推改革、抓落实，人民群众的获得感、幸福感、安全感不断增强，这是坚持人民至上谋划和推进改革的生动缩影。

党的二十届三中全会《中共中央关于进一步全面深化改革、推进中国式现代化的决定》（以下简称《决定》）提出"六个必然要求"，深刻阐明进一步全面深化改革的重要性和必要性，其中一个重要方面就是"坚持以人民为中心、让现代化建设成果更多更公平惠及全体人民的必然要求"。这充分彰显了我们党的性质宗旨、初心使命，充分体现了习近平新时代中国特色社会主义思想的世界观和方法论。学习好贯彻好党的二十届三中全会精神，必须坚持人民至上，从人民整体利益、根本利益、长远利益出发谋划和推进改革。

抓改革、促发展，归根到底就是为了让人民过上更好的日子。随着我国经济社会持续发展和人民生活水平不断提高，人民群众对民主、法治、公平、正义、安全、环境等方面的需要日益增长。犹记党的十八大后，习近平总书记用10个"更"字，描述人民群众的新期盼。积极回应人民群众新要求新期待，就要坚持目标导向和问题导向相结合，系统研究谋划和解决人民群众反映强烈的突出问题。比如，政府和市场的关系尚未完全理顺，城乡区域发展和收入分配差距仍然较大，民生保障、生态环境保护仍存短板，等等。归结起来，这些问题都是社会主要矛盾变化的反映，是发展中的问题，必须进一步全面深化改革，从体制机制上推动解决。

民心所盼，改革所向，为了人民而改革，改革才有意义。新时代以来，改革的力度，不断转化为民生的温度。截至 2023 年末，我国建成世界最大规模高等教育体系，高等教育进入普及化阶段；全国参加基本养老保险人数达 10.66 亿，基本医疗保险参保率稳定在 95% 以上；人均预期寿命提高到 78.2 岁……丰硕的改革发展成果，记录着全面深化改革造福人民的温暖步伐。《决定》以促进社会公平正义、增进人民福祉为出发点和落脚点，提出"完善收入分配和就业制度""健全社会保障体系""推动人的全面发展、全体人民共同富裕取得更为明显的实质性进展"等一系列重大改革举措，充分彰显了人民是进一步全面深化改革的逻辑起点、价值旨归。

依靠人民而改革，改革才有动力。没有人民支持和参与，任何改革都不可能取得成功。习近平总书记指出："改革开放在认识和实践上的每一次突破和深化，改革开放中每一个新生事物的产生和发展，改革开放每一个领域和环节经验的创造和积累，无不来自亿万人民的智慧和实践。"应该看到，中国式现代化是人口规模巨大的现代化，规模最大，难度也最大。大有大的难处，再大的成就除以 14 亿都会变得很小，再小的问题乘以 14 亿都会变得很大。大也有大的优势，再大的困难除以 14 亿必将被克服；再微小的改善乘以 14 亿，也必将汇聚成巨大进步。进一步全面深化改革，必须尊重人民主体地位和首创精神。集众智，汇众力，所有人拧成一股绳去干事创业，中国式现代化事业必将不断向前推进。

中国式现代化，民生为大。进一步全面深化改革，人民至上。试点机动车行驶证电子化，实行摩托车登记"一证通办"，消费者权益保护法实施条例对大数据"杀熟"、自动续费等问题进行规范治理……7 月以来，又一批新规开始施行，改革便民、惠民、利民，永远在路上。把牢价值取向，坚持以人民为中心推进改革，以实绩实效和人民群众满意度检验改革，必将让现代化建设成果更多更公平惠及全体人民。

《人民日报》2024 年 7 月 31 日第 5 版

聚焦提高人民生活品质

人民日报评论部

跨省异地就医，参保人报销往往面临"跑腿""垫资"等难题。重庆大足区的兰云福，因工伤需定期到四川成都市治疗。以前，得先自己垫钱，再回到重庆报销，来回跑、周期长、花费多。2024年4月，重庆启动工伤保险跨省异地就医直接结算试点，看病就方便多了，只要带社保卡就能入院，出院刷社保卡即可直接结算。

群众的难点痛点，就是改革的发力点。2024年上半年，全国跨省异地就医直接结算惠及参保人员1.08亿人次，减少资金垫付918.53亿元，较2023年同期分别增长了124.69%、32.88%。一系列改革举措，有效改善了患者的就医体验，鲜明体现了改革的民生底色。

现代化的本质是人的现代化。党的二十届三中全会

《中共中央关于进一步全面深化改革、推进中国式现代化的决定》提出进一步全面深化改革的"七个聚焦",其中一个重要方面就是"聚焦提高人民生活品质"。在发展中保障和改善民生是中国式现代化的重大任务。学习好贯彻好全会精神,必须坚持以人民为中心推进改革,完善基本公共服务制度体系,加强普惠性、基础性、兜底性民生建设,解决好人民最关心最直接最现实的利益问题,让现代化建设成果更多更公平惠及全体人民。

习近平总书记指出,"为了人民而改革,改革才有意义"。抓改革、促发展,归根到底就是为了让人民过上更好的日子。改革越是深化,越要重视平衡社会利益;发展越是向前,越要体现到人民生活改善上。

新时代的改革,民生温度是重要的关键词。户籍制度改革让1.4亿农业转移人口落户城镇,个人所得税改革惠及2.5亿人,教育、医疗、养老、住房等领域改革不断增进人民福祉……站在人民立场上把握和处理好涉及改革的重大问题,从人民利益出发谋划改革思路、制定改革举措,让经济社会发展有了更澎湃的动力,让人民生活品质提升有了更坚实的基础。把牢进一步全面深化改革的价值取向,使改革更好对接发展所需、基层所盼、民心所向，就能紧紧依靠人民将改革推向前进，不断满足人民对美好生活的向往。

推进中国式现代化，实现全体人民共同富裕，归根到底要靠高质量发展。无论是增加城乡居民财产性收入，还是实现高质量充分就业，无论是加快建设分级诊疗体系，还是优化基本养老服务供给，都需要通过深化改革，不断解放和发展社会生产力，激发和增强社会活力，把"蛋糕"做大分好。

同时要看到，抓民生也是抓发展。持续改善民生的过程，就是增加就业、扩大内需、催生新的经济增长点的过程。从孩子的抚养教育到老年人的就医养老，从老旧小区改造到消费品以旧换新，更好满足人民群众多样化、高品质消费需求，能更好调动发展积极性，创造更多有效需求。全面把握发展和民生相互牵动、互为条件的关系，实现发展和民生有效对接、良性循环，才能让发展更有温度、民生保障更可持续。

时代在发展，人民群众的需求也在不断变化。随着经济社会持续发展和生活水平不断提高，人民群众对民主、法治、公平、正义、安全、环境等方面的要求日益增长。要顺应人民对高品质生活的新期待，紧紧围绕更好保障和改善民生、促进社会公平正义深化社会体制改革，确保发展前进一步、民生改善就跟进一步。同时，不能脱离实际提出过高目标，而要根据经济发展和财力状况逐步提高人民生活品质。坚持尽力而为、量力而行，才能在兜牢民生底线的同时，推动人的全面发展、全体人民共同富裕取得更为明显的实质性进展。

中国式现代化，民生为大。顺应民心、尊重民意、关注民情、致力民生，给人民群众带来更多实实在在的利益，是改革的动力所在，也是改革的目标所向。进一步全面深化改革，坚持立党为公、执政为民的本质要求，以促进社会公平正义、增进人民福祉为出发点和落脚点，不断加大保障和改善民生力度，推出针对性更强、覆盖面更大、作用更直接、效果更明显的举措，定能更好书写中国式现代化的民生答卷，让人民群众的获得感成色更足、幸福感更可持续、安全感更有保障。

《人民日报》2024 年 8 月 15 日第 5 版

坚持以人民为中心

人民日报评论部

曾经，一些地方政务大厅"门难进、脸难看、事难办"，各部门之间经常相互推诿扯皮，企业和群众办证办事不得不多头跑、反复跑。坚持以人民为中心，切实解决人民群众办事难、办事慢等问题，新时代以来，各地涌现出"一窗综办""一网通办""一枚印章管审批"等一批改革创新之举。政务服务之变，成为新时代全面深化改革价值取向的生动折射。

坚持人民至上，既是价值观，也是方法论。党的二十届三中全会《中共中央关于进一步全面深化改革、推进中国式现代化的决定》（以下简称《决定》）提出进一步全面深化改革必须贯彻的"六个坚持"重大原则，其中之一是"坚持以人民为中心"。学习好贯彻好全会精神，必须坚持以人民为中心，尊重人民主体地位和首创精神，人民有所呼、改革有所应，做到改革为了人民、改革依靠人民、改革成果由人民共享。

为什么人、靠什么人的问题，是检验一个政党、一个政权性质的试金石。《决定》强调"以促进社会公平正义、增进人民福祉为出发点和落脚点""以实绩实效和人民群众满意度检验改革"，充分体现了我们党的根本宗旨。党的十八大以来，各方面推出 2000 多个改革方案，逻辑起点和价值旨归都是为了把人民对美好生活的向往不断变成现实。以人民利益为重、以人民期盼为念，不仅改革的科学性、落实的有效性能够得到保障，改革本身也会得到人民群众的衷心拥护、激发人民群众的积极参与。

中国式现代化既是人口规模巨大的现代化，也是全体人民共同富裕的现代化，"民生为大"的深层逻辑，为进一步全面深化改革标注了出发点、蓄积起原动力。紧扣推进中国式现代化这个主题，贯彻"坚持以人民为中心"的重大原则，进一步全面深化改革要注重从就业、增收、入学、就医、住房、办事、托幼养老以及生命财产安全等老百姓急难愁盼中找准改革的发力点和突破口，多推出一些民生所急、民心所向的改革举措，多办一些惠民生、暖民心、顺民意的实事，让人民共享经济、政治、文化、社会、生态等各方面发展成果。

习近平总书记深刻指出："正确的道路从哪里来？从群众中来。"人民是决定党和国家前途命运的根本力量。没有人民支持和参与，任何改革都不可能取得成功。以新时代"枫桥经验"为指引，浙江诸暨超过90%的基层矛盾纠纷都在镇、村两级的社会治理中心得到化解。从北京"街乡吹哨、部门报到"，到浙江"最多跑一次"，再到福建三明综合医改，无不是依靠群众推动的社会基层治理创新。这些切实有效的改革举措，逐步复制推广到了全国。进一步全面深化改革任务越是繁重，越要站稳人民立场，尊重人民主体地位和首创精神。既要为人民而改革，也要依靠人民来改革，进一步全面深化改革才能充分激发人民群众的积极性、主动性、创造性。

老百姓关心什么、期盼什么，改革就要抓住什么、推进什么。今天，人民群众还有不少操心事、烦心事，民生工作还有不少不如人意的地方。改革要奔着问题去，解决问题要务求实效，检验改革要依靠人民评判。

汇聚14亿多中国人民支持改革、参与改革的磅礴力量，进一步全面深化改革就没有干不成的事，以中国式现代化全面推进强国建设、民族复兴伟业就没有迈不过的坎。

《人民日报》2024年8月22日第5版

牢牢把握现代化方向的人民性

子 央

现代化的本质是人的现代化。习近平总书记指出："我们要坚守人民至上理念，突出现代化方向的人民性。"坚持人民至上，实现人民对美好生活的向往，既是我们的奋斗目标，也是现代化建设的出发点和落脚点。党的二十届三中全会《中共中央关于进一步全面深化改革、推进中国式现代化的决定》（以下简称《决定》）紧紧围绕推进中国式现代化这个主题擘画进一步全面深化改革战略举措。《决定》在起草过程中重点把握了几点，其中之一就是"坚持人民至上，从人民整体利益、根本利益、长远利益出发谋划和推进改革"；《决定》明确了进一步全面深化改革的重大原则，其中一条就是"坚持以人民为中心，尊重人民主体地位和首创精神，人民有所呼、

改革有所应，做到改革为了人民、改革依靠人民、改革
成果由人民共享"。这些都突出了现代化方向的人民性。
学习好贯彻好党的二十届三中全会精神，必须牢牢把握
现代化方向的人民性，坚持人民至上，不断满足人民对
美好生活的向往。

突出现代化方向的人民性是由党的初心使命决定的。
《共产党宣言》指出："过去的一切运动都是少数人的，
或者为少数人谋利益的运动。无产阶级的运动是绝大多
数人的，为绝大多数人谋利益的独立的运动。"毛泽东
同志指出："共产党员是一种特别的人，他们完全不谋私
利，而只为民族与人民求福利。"作为马克思主义政党，
中国共产党摆脱了以往一切政治力量追求自身特殊利益
的局限，一经诞生就把为中国人民谋幸福、为中华民族
谋复兴确立为自己的初心使命。在探索中国式现代化
道路的进程中，我们党始终坚守初心使命，团结带领人
民进行革命、建设、改革的根本目的，就是为了让人民
过上好日子。无论面临多大挑战和压力，无论付出多大
牺牲和代价，这一点都始终不渝、毫不动摇。新时代以
来，从"脱贫致富一个不能落下"到"全面建成小康社
会，一个民族不能落下"，从"保护人民生命安全和身体

健康可以不惜一切代价"到"共同富裕路上,一个不能掉队"……我们党在推进和拓展中国式现代化的进程中,始终坚持人民至上,不断增强人民群众的获得感、幸福感、安全感。进一步全面深化改革、推进中国式现代化,必须坚守党的初心使命,想人民之所想,行人民之所嘱,从人民整体利益、根本利益、长远利益出发谋划和推进改革,开辟中国式现代化的广阔前景,不断把人民对美好生活的向往变为现实。

突出现代化方向的人民性体现中国式现代化的本质特征。现代化的最终目标是实现人自由而全面的发展。现代化不仅要看纸面上的指标数据,更要看人民的幸福安康。离开人的现代化,不能让人民幸福安康,现代化就会失去动力、失去意义。中国式现代化致力于实现全体人民共同富裕,坚持把实现人民对美好生活的向往作为现代化建设的出发点和落脚点,着力维护和促进社会公平正义,让全体中国人民都过上美好生活。实现全体人民共同富裕是中国式现代化的本质特征,是中国式现代化区别于西方现代化的显著标志,也是中国式现代化道路走得通、行得稳的关键所在。西方现代化的最大弊端,就是以资本为中心而不是以人民为中心,追求资本利益最大化而不为最广大人民谋取利益。新时代以来，我们党团结带领全党全国各族人民，打赢脱贫攻坚战，全面建成小康社会，朝着实现共同富裕的目标扎实迈进。今天的中国，人均国内生产总值接近 9 万元，建成世界上规模最大的社会保障体系，现代化建设成果正在更多更公平惠及全体人民。同时，中国式现代化所追求的共同富裕，是人民群众物质生活和精神生活都富裕，在追求物质富足的同时追求精神富有，从而促进物的全面丰富和人的全面发展，更好实现人的现代化。进一步全面深化改革、推进中国式现代化，要顺应人民对文明进步的渴望，坚定不移走共同富裕道路，努力实现物质富裕、政治清明、精神富足、社会安定、生态宜人，让现代化更好回应人民各方面诉求和多层次需要。

突出现代化方向的人民性需要把牢进一步全面深化改革的价值取向。改革是发展的动力。进一步全面深化改革，是要坚决破除妨碍推进中国式现代化的思想观念和体制机制弊端，着力破解深层次体制机制障碍和结构性矛盾，不断为中国式现代化注入强劲动力、提供有力制度保障。因此，进一步全面深化改革秉持什么价值取向，对于中国式现代化能否始终坚持以人民为中心具有重要影响。新时代以来，以习近平同志为核心的党中央坚持以人民为中心的价值取向，抓住人民最关心最直接最现实的利益问题，推出一系列既有针对性又有含金量的改革举措，使群众真真切切感受到了改革带来的新变化。实践表明，对改革价值取向的正确把握，使全面深化改革得到了最广大人民的衷心拥护，形成了改革创新活力竞相迸发、充分涌流的生动局面。进一步全面深化改革、推进中国式现代化，必须尊重人民主体地位，尊重人民群众在实践活动中所表达的意愿、所创造的经验、所拥有的权利、所发挥的作用，充分激发蕴藏在人民群众中的创造伟力，广泛动员组织亿万人民为实现强国建设、民族复兴伟业而团结奋斗，紧紧依靠人民创造新的历史伟业。人民有所呼、改革有所应。牢牢把握正确的价值取向，坚持人民群众关心什么、期盼什么，改革就抓住什么、推进什么，让人民共享经济、政治、文化、社会、生态等各方面发展成果，进一步全面深化改革必然能推动中国式现代化开辟更为广阔的前景。

《人民日报》2024年9月3日第9版

丰富人民精神文化生活

欧阳雪梅

　　文化是凝聚人心的精神纽带，也是增进民生福祉的关键因素。推动文化发展、建设文化强国，从根本上说就是为了更好满足人民日益增长的精神文化生活需要，不断丰富人民精神世界、增强人民精神力量。聚焦建设社会主义文化强国，"丰富人民精神文化生活"是其中的重要内容。新征程上，实现进一步全面深化改革文化领域目标任务，就要深入学习贯彻习近平文化思想，以高质量文化供给增强人民群众的文化获得感、幸福感，让人民群众的精神文化生活更加丰富多彩。

　　新时代，《中共中央关于繁荣发展社会主义文艺的意见》等文件出台，以人民为中心的创作导向更加鲜明，文化产品创作生产传播的引导激励机制更加完善；《关于加快构建现代公共文化服务体系的意见》出台、公共文化服务保障法正式施行，基本公共文化服务标准化、均等化持续推进，人民群众基本文化权益得到切实保障；国家文化数字化战略深入实施，一批充满中国风、时代感的优秀文化作品得到大众的喜爱；文化和旅游融合、文化和科技融合，一批富有文化内涵的旅游新业态快速发展……人民群众享受到了更加充实、更为丰富、更高质量的精神文化生活。新征程上，聚焦建设社会主义文化强国，更好满足人民精神文化生活新期待，就要以更丰富的文化活动、高品质的文化供给，不断满足人民群众多样化、多层次、多方面的精神文化需求。

完善公共文化服务体系。发展公共文化服务，是保障人民文化权益、改善人民生活品质的重要途径。通过完善公共文化服务体系，可以让文化改革发展成果更多更公平惠及全体人民。发展公共文化服务，关键是要准确把握人民群众的文化需求，不能想当然、拍脑袋就决定公共文化服务的内容和方式。为此，要及时准确跟踪掌握人民群众文化需求的发展态势，特别是要建立对基层文化需求常态化跟踪、研判、响应等工作机制，为优化公共文化服务的内容和方式提供直接依据，在此基础上建立优质文化资源直达基层机制，为人民群众提供高品质、精准化公共文化服务。优化智慧图书馆博物馆、公共文化云等平台，提升数字化智能化服务水平。健全社会力量参与机制，推进公共文化设施所有权和使用权分置改革，优化乡村公共文化空间布局，提升公共文化设施使用效能。

优化文艺作品创作生产机制。沉实厚重、丰富多彩的文化产品是满足人民精神文化生活需要的关键所在。文艺作品是文化产品最重要的组成部分。要坚持以人民为中心的创作导向，通过优化文艺作品创作生产机制，让人民群众喜闻乐见的文艺作品不断涌现。坚持出成果和出人才相结合，尊重文艺人才，尊重文艺创造，形成文艺精品和文艺人才不断涌现的良好局面。坚持抓作品和抓环境相贯通，积极营造健康的文化生态、活跃的文化环境，形成文艺精品和文化环境相互生成的生动情景。改进文艺创作生产服务、引导、组织工作机制，引导广大文艺工作者深入基层、扎根人民，创作更多满足人民文化需求和增强人民精神力量的优秀作品。完善文艺院团建设发展机制，持续提升创演质量、管理水平、服务效能。

　　健全文化产业体系和市场体系。文化产业是市场经济条件下满足人民精神文化生活需要的重要途径。健全现代文化产业体系，要推动各类文化经营主体发展壮大，比如推进国有文化企业转型升级，鼓励、支持、引导非公有资本依法进入文化产业，积极支持中小微文化企业发展；加快发展新型文化业态，比如发展数字出版、数字影视、数字艺术、数字创意等。同时，要高标准建设文化市场体系，加快构建统一开放、高效规范、竞争有序的文化市场，健全文化市场体系基础制度，落实统一的市场准入负面清单制度，健全文化要素市场运行机制，加快发展新型文化消费模式，提升文化市场服务质量，强化文化市场管理和综合执法。

　　健全文化和旅游深度融合发展体制机制。文化和旅游融合，不仅是时代发展的趋势，更是满足人们对美好生活向往的重要方面。让"诗"和"远方"更为相得益彰、浑然一体，需要进一步健全文旅融合高质量发展体制机制。要完善旅游公共服务体系，加强旅游基础设施建设，优化信息、交通、应急救援等服务。加强文化和旅游深度融合的制度设计，促进理念、机制、业态、模式等方面创新，做到以文化提升旅游的内涵品质、以旅游促进文化的传播消费，不断推出新产品、拓展新服务、培育新业态、形成新动能。发挥好文物保护单位、博物馆、纪念馆作用，健全大遗址保护利用共建共享机制，创新展览展陈形式，生动鲜活讲好文物故事，开发适应现代消费需求的文创产品。

探索文化和科技融合的有效机制。进入数智时代，人民的数字文化消费需求日益增长。为人民群众提供更加便捷、丰富、多元的文化体验，需要促进文化和科技深度融合。要超前布局生成式人工智能、下一代互联网等前沿领域，推动文化新业态蓬勃发展。构建保障数字文化良性发展的制度体系与治理机制。比如，在制度层面，要完善数字文化产品产权保护的法律法规、完善生成式人工智能相关伦理准则和政策法规、建立健全文化数字化技术标准体系；在治理层面，政府监管部门要加强执法，并强化部门协同治理能力，明确相关部门职责权限，保障数字文化良性发展。

《人民日报》2024 年 9 月 27 日第 9 版

让人民过上幸福生活是头等大事

人民日报评论员

"家事国事天下事，让人民过上幸福生活是头等大事。"在二〇二五年新年贺词中，习近平主席强调："我们要一起努力，不断提升社会建设和治理水平，持续营造和谐包容的氛围，把老百姓身边的大事小情解决好，让大家笑容更多、心里更暖。"

2024 年，习近平总书记在国内考察调研的足迹遍布 12 省区市和澳门特别行政区，始终心系人民群众的安危冷暖，挂念着老百姓的急难愁盼。在天津西青区辛口镇第六埠村，同村民一家人拉家常，一笔一笔算灾情损失和灾后生产发展、就业增收账；走进甘肃天水麦积区南山花牛苹果基地，看一渠洮河水"解了燃眉之急"，嘱咐"要多抓这样造福人民的工程，切实解决老百姓面临的生产生活问题"。岁月更迭，情怀如初；行程万里，人民至上。这彰显了真切炽热的人民情怀，诠释着"中国式现代化，民生为大"的不懈追求。

翻开过去一年沉甸甸的民生"成绩单"，有实打实的改革红利，有精准施策的务实举措，有可感可及的发展实惠。得益于普惠托育服务体系建设，湖南长沙居民郑思远不到一岁的孩子有社区托育照顾，家里的负担减轻了许多；受益于紧密型县域医疗共同体建设，突发脑卒中的福建安溪县张大爷能够就近治疗、在线诊断，享受到更加快捷优质的医疗服务。基础养老金提高了，房贷利率下调了，以旧换新让消费者得实惠，全国跨省异地就医直接结算惠及参保群众上亿人次……一桩桩一件件，夯实民生之基，厚植人民福祉，提升发展温度，擦亮价值底色。

习近平主席强调："家家户户都盼着孩子能有好的教育，老人能有好的养老服务，年轻人能有更多发展机会。这些朴实的愿望，就是对美好生活的向往。"中国式现代化，以人民为中心，以实现人的自由全面发展为最终目标，以人民满意不满意为评价标准。牢记"让人民过上幸福生活是头等大事"，多推出一些群众所急、所需、所盼的改革举措，多办一些惠民生、暖民心、顺民意的实事，才能让改革发展成果更多更公平惠及全体人民。

民生既连着家事，也连着国事，是民心所向，也是发展所需。全面把握发展和民生的辩证关系，加大保障和改善民生力度，不仅能更好满足人民群众多样化、高品质生活需求，增强人民群众获得感幸福感安全感，也能更好释放国内市场需求潜力。党的二十届三中全会《中共中央关于进一步全面深化改革、推进中国式现代化的决定》提出完善收入分配和就业制度、健全社会保障体系、增强基本公共服务均衡性和可及性等举措。把这些改革举措落地落实，必须坚持问需、问计于民，注重从老百姓急难愁盼中找准改革发力点和突破口，推动民生工作件件有着落、事事有回音，让老百姓看到变化、得到实惠。

做好民生工作，既要用心用情用力，也要耐心细心精心。外部环境不利影响加深、内部经济运行面临挑战，如何落实好帮扶政策，确保不发生规模性返贫致贫，持续推动中低收入群体增收致富？就业是最基本的民生，事关人民群众切身利益，如何把重点领域、重点行业、城乡基层和中小微企业就业支持计划实施好，促进重点群体就业？面对人口老龄化程度加深，如何扩大普惠养老服务覆盖面，不断提高养老服务供给水平？凡此，都需要我们扛起责任、创新思路、奋发有为，把各项民生实事办到群众心坎上。

幸福生活不会从天而降，而是要靠实干奋斗创造出来。"十四五"规划收官之年，改革发展稳定任务十分繁重。既锚定现代化方向的人民性，从人民群众的朴素愿望中找到工作着力点，又坚持干字当头，看准了就抓紧干，干一件成一件，定能在高质量发展中不断增进民生福祉，托起亿万人民"稳稳的幸福"。

《人民日报》2025年1月4日第1版

办好"头等大事"，
提升人民幸福成色

暨佩娟

悠悠万事，民生为大。习近平主席在二〇二五年新年贺词中指出："家事国事天下事，让人民过上幸福生活是头等大事。"这句话深刻体现出，让人民生活幸福是"国之大者"，国家的各项工作，都要以实现人民的幸福生活为根本出发点和落脚点。

人民性是马克思主义最鲜明的品格。中国共产党自诞生之日起，就把"人民"二字铭刻在心，把所有精力都用在让老百姓过上好日子上。毛泽东同志把党群关系比作鱼水关系，强调"我们共产党人好比种子，人民好比土地""我们这个队伍完全是为着解放人民的，是彻底地为人民的利益工作的"。"全心全意为人民服务"被写进党章。从"打土豪、分田地"让农民有了自己的土地，到新中国成立，人民真正成为国家的主人，中国始终朝着让人民幸福的方向迈进。

人民群众是历史的创造者。把"让人民过上幸福生活"视为头等大事，是对人民主体地位的坚守与彰显。党的十八大以来，以习近平同志为核心的党中央坚持以人民为中心的发展思想，把人民对美好生活的向往作为奋斗目标，为增进民生福祉行之笃之。2014年至2025年，在12年的新年贺词中，习近平主席共提到"人民"95次。中国共产党人夙夜在公、拼搏奉献，就是要"把人民的期待变成我们的行动，把人民的希望变成生活的现实"。发展向前，民生向暖。新时代以来，从深化户籍制度改革到加快推进政务服务"跨省通办"，从推进医药集中采购改革到实施居家和社区养老服务改革，从推动老旧小区改造到农村"厕所革命"……我们党始终站在人民立场谋思路、定举措，老百姓的日子越来越有奔头、有盼头。过去一年里，基础养老金提高了，房贷利率下调了，直接结算范围扩大方便了异地就医，消费品以旧换新提高了生活品质……这些"家事"连着"国事"，正是新时代人民群众幸福生活的生动演绎。

一切为民者，则民向往之。习近平同志在《之江新语》中讲述了这样一个故事：在一个偏僻的小村庄，村党支部书记郑九万病了，一天之内村民自发筹集了数万元手术费为他治病，甚至表示"就是讨饭了也要救他"，因为郑书记心里装着群众，真心实意地为人民群众做好事、办实事、解难事。可见民心是杆秤，只有顺民意、得民心、为民谋利的党员干部，才能得到人民群众的拥护和支持。我们要学习焦裕禄"心中装着全体人民、唯独没有他自己"、谷文昌"不带私心搞革命，一心一意为人民"、杨善洲"只要生命不结束，服务人民不停止"的精神，牢固树立正确政绩观，围绕群众的操心事、烦心事、揪心事实实在在干，干一件是一件，干一件成一件，不断提升人民幸福成色。

办好"头等大事"，要把握好几组关系。把握好"关键少数"和"绝大多数"的关系。各级领导干部是办好"头等大事"的组织者、指挥者、决策者和实践者，要带头做表率、当好"领头雁"，带领群众脚踏实地、拼搏实干，把群众智慧转化为做好工作的具体举措，一步一个脚印推动各项事业发展。把握好当前和长远的关系。党员干部要以百姓心为心，多想想哪些方面工作同群众期盼还存在差距，对于群众反映强烈的急难愁盼问题，不等不拖、立行立改，对于一时解决不了的问题，也要列出时间表，久久为功、持续用力，真正把好事实事做到群众心坎上。把握好大与小的关系。有的党员干部存在"事小而不为"的想法。然而，何为大，何为小？看一件事情的大小，不能只看其形式和规模，而要站稳人民立场，从群众切身需要来考量。民生工作千头万绪，看似细微具体的小事，实则是关乎民心向背、社会和谐稳定的大事，因此，有利于百姓的事再小也要做。

让人民过上幸福生活没有终点，只有连续不断的新起点。新征程上，我们要始终与人民群众心心相印、命运与共，办好"头等大事"，千方百计把老百姓身边的大事小事解决好，一件接着一件办，一年接着一年干，不断把人民群众对美好生活的向往变为现实。

《人民日报》2025年2月13日第9版

坚持以人民为中心
推动城市建设和发展

杨 轲

习近平总书记提出"人民城市"重要理念，充分体现了人民在城市建设与发展中的主体地位，是坚持以人民为中心的发展思想在城市工作中的生动写照，也是中国式现代化坚持发展为了人民、发展依靠人民、发展成果由人民共享的集中体现。

人民群众是城市建设和发展的主体。现代城市在高速发展的同时往往伴随一系列无法避免的"城市病"，而"城市病"的产生，除了是城镇化快速推进的结果，还在于城市建设主体的缺位与错位。在西方，关于城市与人民关系的反思多局限于价值层面，始终无法摆脱资本主导和资本逻辑，缺乏实践基础，难以落地生根。在我国，人民当家作主。习近平总书记指出，"要坚持广大人民群众在城市建设和发展中的主体地位"。这一重要论述深刻揭示了城市是人民的城市，城市建设和治理的每个环节都应将人的需求、人的福祉和人的发展置于首位。党的二十届三中全会《中共中央关于进一步全面深化改革、推进中国式现代化的决定》将"坚持以人民为中心"作为进一步全面深化改革必须贯彻的重大原则之一，就是要坚定不移地站稳进一步全面深化改革的人民立场。只有坚持以人民为中心，才能让城市的治理效能真正体现为人民群众的获得感、幸福感、安全感。

人民智慧是城市建设和发展的强大动力。习近平总书记指出："要尊重市民对城市发展决策的知情权、参与权、监督权，鼓励企业和市民通过各种方式参与城市建设、管理。"城市建设是一项复杂的系统工程。人民是城市经济活动的主体，商贸、生产、服务等各个领域都离不开人民的劳动与智慧；人民群众的意见与建议是城市规划和管理的重要参考，有利于推动破解发展难题、提升改革成效；人民是推动城市可持续发展的关键力量，城市环境保护、绿色发展、节能减排等都需要依靠人民群众的广泛参与和支持。只有充分发挥人民群众的主体作用，调动人民群众参与城市建设的积极性和创造性，问计于民、问需于民、问效于民，才能汇聚起推动城市发展的强劲动能，真正实现城市共治共管、共建共享。

人民福祉是城市建设和发展的目标指向。习近平总书记指出："无论是城市规划还是城市建设，无论是新城区建设还是老城区改造，都要坚持以人民为中心，聚焦人民群众的需求"。要合理安排生产、生活、生态空间，走内涵式、集约型、绿色化的高质量发展路子，努力创造宜业、宜居、宜乐、宜游的良好环境，让人民有更多获得感，为人民创造更加幸福的美好生活。我国的城市是人民的城市，我国的城市寄托着人民的殷切期望，城市建设要把最好的资源留给人民，为人民群众提供精细的城市管理和良好的公共服务，让人民群众在城市生活得更方便、更舒心、更美好。

人民满意是城市建设和发展效果的检验标准。习近平总书记强调："检验我们一切工作的成效，最终都要看人民是否真正得到了实惠，人民生活是否真正得到了改善，人民权益是否真正得到了保障。"建设人民城市，要以民评民说为标准、民意民声为依据、民愿民盼为方向，顺应人民群众对高品质生活的期待，从衣食住行、生老病死、安居乐业各方面提高城市生活质量，想人民之所想、急人民之所急，持续推动幼有所育、学有所教、劳有所得、病有所医、老有所养、住有所居、弱有所扶等方面取得新成绩。只有注重人民的需求和利益，才能推动城市发展实现质的飞跃，进而促进全社会的共同繁荣与进步。在未来的城市建设中，我们应始终坚持以人民为中心的发展思想，让每一座城市都真正成为人民的幸福家园。

《人民日报》2025年2月25日第9版

理论茶座

把必须坚持人民至上领会好运用好

孙庆聚

　　当前，全党正在深入开展学习贯彻习近平新时代中国特色社会主义思想主题教育。这次主题教育就是要推动全党特别是领导干部不断把学习贯彻习近平新时代中国特色社会主义思想引向深入。学深悟透习近平新时代中国特色社会主义思想，要把握这一重要思想的世界观、方法论和贯穿其中的立场观点方法。党的二十大报告提出了继续推进理论创新的科学方法，即必须坚持人民至上、必须坚持自信自立、必须坚持守正创新、必须坚持问题导向、必须坚持系统观念、必须坚持胸怀天下。这"六个必须坚持"是习近平新时代中国特色社会主义思想的立场观点方法的重要体现，其中"必须坚持人民至上"位列第一。马克思主义是人民的理论。必须坚持人民至上，在习近平新时代中国特色社会主义思想中具有基础性、根本性的地位和作用。坚持用习近平新时代中国特色社会主义思想凝心铸魂，推动主题教育扎实开展、取得实效，就要深刻领悟、准确把握必须坚持人民至上这一重要立场观点方法，将其转化为自身改造主观世界和客观世界的强大思想武器，真正做到内化于心、外化于行。

人民性是马克思主义的本质属性

习近平总书记指出："马克思主义是人民的理论，第一次创立了人民实现自身解放的思想体系。"在人类思想史上，马克思主义第一次站在人民的立场探求人类自由解放的道路，人民性是马克思主义的本质属性。马克思、恩格斯论证了历史的真正创造者是人民群众，指出："历史上的活动和思想都是'群众'的思想和活动""历史活动是群众的事业"。列宁继承发展了马克思、恩格斯的人民观，更加重视人民群众在历史发展中的重要作用："随着人们历史创造活动的扩大和深入，作为自觉的历史活动家的人民群众在数量上也必定增多起来""生气勃勃的创造性的社会主义是由人民群众自己创立的"。马克思主义植根人民之中，指明了依靠人民推动历史前进的人间正道，对人类社会产生了前所未有的深刻影响。

十月革命一声炮响，给中国送来了马克思列宁主义。中国共产党坚持以马克思主义为指导，在把马克思主义基本原理同中国具体实际相结合、同中华优秀传统文化相结合的历史进程中展开党的理论探索史。在这部不断开辟马克思主义中国化时代化新境界的历史中，中国共产党人在推进理论创新、进行理论创造时始终坚守人民性这个马克思主义的本质属性。毛泽东同志认为："真正的铜墙铁壁是什么？是群众，是千百万真心实意地拥护革命的群众。这是真正的铜墙铁壁，什么力量也打不破的，完全打不破的""中国的命运一经操在人民自己的手里，中国就将如太阳升起在东方那样，以自己的辉煌的光焰普照大地"。

在改革开放和社会主义现代化建设新时期，邓小平同志指出："不发展生产力，不提高人民的生活水平，不能说是符合社会主义要求的"，强调"是否有利于提高人民的生活水平"是评判我国改革得失成败的标准之一。江泽民同志把"全心全意为人民服务，立党为公，执政为民"作为我们党同一切剥削阶级政党的根本区别，指出"我们党要始终代表中国最广大人民的根本利益，就是党的理论、路线、纲领、方针、政策和各项工作，必须坚持把人民的根本利益作为出发点和归宿"。胡锦涛同志明确科学发展观"核心是以人为本"，要求各级领导干部"做到权为民所用、情为民所系、利为民所谋"。

中国特色社会主义进入新时代，习近平总书记指出："我们党来自于人民，为人民而生，因人民而兴""以百姓心为心，与人民同呼吸、共命运、心连心，是党的初心，也是党的恒心""让人民生活幸福是'国之大者'""人民对美好生活的向往就是我们的奋斗目标"……习近平总书记始终把人民挂在心头、念在心里，习近平新时代中国特色社会主义思想的实质就是"人民至上论""人民幸福论"。回顾党的百余年理论探索史，正是因为我们党坚持和发展马克思主义的人民性，党的创新理论不断彰显旺盛生命力，始终得到亿万人民拥护支持，科学指引人民取得一个又一个胜利。

坚持人民至上是习近平新时代中国特色社会主义思想中贯穿的一条红线

坚持人民至上，就是要坚持以人民为中心，依靠人民开创历史伟业，带领人民创造美好生活。党的十八大以来，历史的接力棒交到了以习近平同志为主要代表的中国共产党人手中。习近平总书记是来自人民、扎根人民，在人民中历练、在人民中成长，得到人民拥护、深受人民爱戴的人民领袖；习近平新时代中国特色社会主义思想的理论基点、价值支点、实践原点就是坚持人民至上。更好领会习近平新时代中国特色社会主义思想的精髓要义，就要深刻领会必须坚持人民至上是习近平新时代中国特色社会主义思想的根本立场，是继续推进马克思主义中国化时代化的根本出发点。

把握理论基点。马克思主义是人民的理论。作为当代中国马克思主义、21世纪马克思主义，习近平新时代中国特色社会主义思想中贯穿的一条红线就是坚持人民至上。必须坚持人民至上之所以位列"六个必须坚持"之首，就是因为这是习近平新时代中国特色社会主义思想的根本立场，是这一重要思想的世界观、方法论和贯穿其中的立场观点方法最鲜明的内容之一。习近平总书记对人民利益尽心尽责，对百姓冷暖念兹在兹，具有与人民心心相印、同甘共苦的真挚情怀。习近平新时代中国特色社会主义思想将坚持人民至上作为自身的理论基点，把为了人民、造福人民作为不断推进马克思主义中国化时代化的原动力，真正实现了人民利益、人民心声的集中表达。

坚守价值支点。坚持人民至上，是理论论断，也是价值判断。习近平新时代中国特色社会主义思想把一切为了人民作为治国理政的根本价值取向。习近平总书记指出："我们的目标很宏伟，但也很朴素，归根结底就是让全体中国人都过上更好的日子。"同时，习近平新时代中国特色社会主义思想将人民利益作为评判党的一切工作的标准。习近平总书记指出："党的一切工作必须以最广大人民根本利益为最高标准""检验我们一切工作的成效，最终都要看人民是否真正得到了实惠，人民生活是否真正得到了改善，人民权益是否真正得到了保障""把人民拥护不拥护、赞成不赞成、高兴不高兴、答应不答应作为衡量一切工作得失的根本标准"。正是因为深深扎根人民、紧紧依靠人民、始终彰显人民至上的价值取向，习近平新时代中国特色社会主义思想开辟了马克思主义中国化时代化新境界。

立足实践原点。习近平新时代中国特色社会主义思想不但具有真理力量，而且不断彰显实践伟力。正是在实践中始终坚持人民至上，新时代党和国家事业取得历史性成就、发生历史性变革。习近平总书记强调："为人民过上更加美好生活而矢志奋斗""增进民生福祉是发展的根本目的"，充分体现一切为了人民；习近平总书记强调："我们要紧紧依靠人民，充分发挥人民主体作用，尊重人民首创精神，为了人民干事创业，依靠人民干事创业"，充分体现一切依靠人民。新时代十年，我们在实践中坚持一切为了人民，建成世界上规模最大的教育体系、社会保障体系、医疗卫生体系，人民生活全方位改善，人民群众获得感、幸福感、安全感更加充实、更有保障、更可持续；我们在实践中坚持一切依靠人民、真心尊崇人民、真诚相信人民、真正依靠人民，稳经济、促发展，战贫困、建小康，控疫情、抗大灾，应变局、化危机，攻克了一个个看似不可攻克的难关险阻，创造了一个个令人刮目相看的人间奇迹，成功推进和拓展了中国式现代化。

答好新时代新征程"人民至上"考题

习近平总书记指出："只有准确把握包括'六个必须坚持'在内的新时代中国特色社会主义思想的立场观点方法，才能更好领会新时代中国特色社会主义思想的精髓要义，才能把思想方法搞对头，认识问题才站得高，分析问题才看得深，开展工作也才能把得准，确保张弛有度、收放自如。"深入学习贯彻习近平新时代中国特色社会主义思想，要把必须坚持人民至上领会好、运用好，答好新时代新征程"人民至上"考题。

坚持站稳人民立场。习近平总书记指出："人民立场是中国共产党的根本政治立场，是马克思主义政党区别于其他政党的显著标志。"坚持站稳人民立场，要始终代表最广大人民的根本利益，与人民休戚与共、生死相依，始终同人民同呼吸、共命运、心连心。要把为人民谋幸福作为根本使命，把人民利益摆在至高无上的地位，坚持全心全意为人民服务的根本宗旨，坚持发展为了人民、发展依靠人民、发展成果由人民共享，让改革发展成果更多更公平惠及全体人民，朝着实现全体人民共同富裕不断迈进。

坚持树牢群众观点。习近平总书记指出："人民是创造历史的动力，我们共产党人任何时候都不要忘记这个历史唯物主义最基本的道理。"人民群众有着无尽的智慧和力量，是决定我们前途命运的根本力量。坚持树牢群众观点，要尊重人民主体地位和首创精神，始终相信人民，紧紧依靠人民，充分调动广大人民的积极性、主动性、创造性，凝聚起众志成城的磅礴之力，团结带领人民共同创造新的历史伟业。我们要深刻认识到，前进道路上，无论是风高浪急还是惊涛骇浪，人民永远是我们党最坚实的依托、最强大的底气。

坚持贯彻群众路线。群众路线是我们党始终坚持的根本工作方法。习近平总书记指出："不论过去、现在和将来，我们都要坚持一切为了群众，一切依靠群众，从群众中来，到群众中去，把党的正确主张变为群众的自觉行动，把群众路线贯彻到治国理政全部活动之中。"坚持贯彻党的群众路线，要始终保持党同人民群众的血肉联系，对群众有感情，真正把自己当作群众的一员，把群众的事当作自己的事。要始终接受人民批评和监督，积极回应群众关切，切实解决群众最关心最直接最现实的利益问题，使我们党永远赢得人民群众信任和拥护。

《人民日报》2023 年 4 月 10 日第 9 版

以人民为中心的发展思想的哲学意蕴

刘　军

人民性是马克思主义的本质属性和最鲜明品格。坚持人民至上，是习近平新时代中国特色社会主义思想的理论基点、价值支点、实践原点。以人民为中心的发展思想，彰显了马克思主义的根本政治立场和我们党的性质宗旨，体现了历史唯物主义群众史观在发展理论上的创造性运用。

为什么人、靠什么人的问题，是检验一个政党性质的试金石，也是把握一种思想理论精神实质与内在逻辑的根本立足点。马克思、恩格斯在《共产党宣言》中指出："无产阶级的运动是绝大多数人的，为绝大多数人谋利益的独立的运动。"始终同人民在一起，为人民利益而奋斗，是马克思主义政党同其他政党的根本区别。我们党团结带领人民进行革命、建设、改革，根本目的就是为了让人民过上好日子，无论面临多大挑战和压力，无论付出多大牺牲和代价，这一点都始终不渝、毫不动摇。

党的十八大以来，习近平总书记创造性提出以人民为中心的发展思想，作出"江山就是人民、人民就是江山""人民对美好生活的向往就是我们的奋斗目标""全面建成社会主义现代化强国，人民是决定性力量"等一系列重要论述，以新的内涵丰富和发展了历史唯物主义群众史观。以人民为中心的发展思想，深刻阐明了新时代推动经济社会发展的根本目的、内在动力、价值目标等问题，进一步深化了我们党对发展的规律性认识，深刻体现发展目的论、动力论、价值论的有机统一。

从发展目的论来看，这一重要思想深刻回答了"为了谁"的问题，强调发展为了人民，把增进人民福祉、促进人的全面发展、朝着共同富裕方向稳步前进作为经济发展的出发点和落脚点，阐明了发展的根本目的，体现了马克思主义的人民立场。从发展的动力论来看，这一重要思想深刻回答了"依靠谁"的问题，强调依靠人民，尊重人民创造精神，汇集全体人民的智慧和力量，揭示了发展的内在动力，体现了人民是推动发展的根本力量的唯物史观。从发展的价值论来看，这一重要思想深刻回答了"由谁享有"的问题，强调让现代化建设成果更多更公平惠及全体人民，逐步实现共同富裕，阐明了发展的价值目标，体现了共产党人的价值追求。

习近平总书记指出："以人民为中心的发展思想，不是一个抽象的、玄奥的概念，不能只停留在口头上、止步于思想环节，而要体现在经济社会发展各个环节。"进入新时代，我国社会主要矛盾发生转化，人民对美好生活的向往更加强烈，同时我国发展面临一系列亟待解决的突出矛盾和问题。面对社会主要矛盾的转化和发展中的问题，以习近平同志为核心的党中央坚持以人民为中心的发展思想，提出一系列新理念新部署新要求。完整、准确、全面贯彻新发展理念，通过深化改革、创新驱动，提高经济发展质量和效益，生产出更多更好的物质产品；不断发展全过程人民民主，维护社会公平正义，让人民享有更加广泛、更加充分、更加全面的民主权利；推动文化事业和文化产业全面发展，繁荣文艺创作，完善公共文化服务体系，为人民提供更多更好的精神食粮；在幼有所育、学有所教、劳有所得、病有所医、老有所养、住有所居、弱有所扶上持续用力，不断提高保障和改善民生水平；提出"精准扶贫"理念，组织实施人类历史上规模最大、力度最强的脱贫攻坚战，历史性地解决绝对贫困问题；全方位、全地域、全过程加强生态环境保护，越来越多的人在美丽中国建设中享受到蓝天白云、清水绿岸、鸟语花香；等等。在这一过程中，人民群众的获得感、幸福感、安全感更加充实、更有保障、更可持续。

以人民为中心的发展思想，贯穿于习近平新时代中国特色社会主义思想各个方面，体现在经济、政治、文化、社会、生态文明等各个领域，包含一系列相互联系、相辅相成的思想理念，体现了理论与实践的有机统一、良性互动。实践证明，走好新时代党的群众路线，把以人民为中心的发展思想贯穿到党和国家事业各领域、各方面，着力解决好人民群众最关心最直接最现实的利益问题，就一定能让现代化建设成果更多更公平惠及全体人民，在推进中国式现代化进程中不断实现人的全面发展和社会全面进步。

《人民日报》2024 年 4 月 16 日第 9 版

进一步全面深化改革
必须坚持以人民为中心

张　翼

　　党的二十届三中全会审议通过的《中共中央关于进一步全面深化改革、推进中国式现代化的决定》（以下简称《决定》）是新时代新征程上推动全面深化改革向广度和深度进军的总动员、总部署。《决定》明确了进一步全面深化改革的重大原则，其中一条是"坚持以人民为中心"。改革开放是亿万人民自己的事业。习近平总书记指出："改革发展必须坚持以人民为中心，把人民对美好生活的向往作为我们的奋斗目标，依靠人民创造历史伟业！"深入学习领会习近平总书记重要讲话精神，学习好贯彻好党的二十届三中全会精神，必须牢牢把握坚持以人民为中心这一重大原则，尊重人民主体地位和首创精神，人民有所呼、改革有所应，做到改革为了人民、改革依靠人民、改革成果由人民共享。

做到改革为了人民

人民性是马克思主义的本质属性。马克思、恩格斯在《共产党宣言》中指出："过去的一切运动都是少数人的，或者为少数人谋利益的运动。无产阶级的运动是绝大多数人的，为绝大多数人谋利益的独立的运动。"始终同人民在一起，为人民利益而奋斗，是马克思主义政党同其他政党的根本区别。为中国人民谋幸福、为中华民族谋复兴，是中国共产党人的初心和使命，也是改革开放的初心和使命。

习近平总书记指出："为了人民而改革，改革才有意义"。我们党抓改革、促发展，归根到底就是为了让人民过上更好的日子。党的十八大以来，以习近平同志为核心的党中央深入贯彻以人民为中心的发展思想，抓住人民最关心最直接最现实的利益问题推进改革，在幼有所育、学有所教、劳有所得、病有所医、老有所养、住有所居、弱有所扶上持续用力。比如，大力推进户籍制度改革，促进有能力在城镇稳定就业和生活的常住人口有序实现市民化，稳步推进城镇基本公共服务常住人口全覆盖；建成世界上规模最大的教育体系、社会保障体系、医疗卫生体系，教育普及水平实现历史性跨越，2023 年基本养老保险覆盖 10.66 亿人、基本医疗保险参保率稳定在 95% 以上……一系列改革举措让人民群众获得感、幸福感、安全感更加充实、更有保障、更可持续。

时代在发展，人民群众的需求也在不断变化。面对人民群众新期待，必须继续把改革推向前进，也必然要求做到改革为了人民。习近平总书记指出："如果不能给老百姓带来实实在在的利益，如果不能创造更加公平的社会环境，甚至导致更多不公平，改革就失去意义，也不可能持续。"进一步全面深化改革，必须把牢价值取向，《决定》在起草过程中重点把握了几点，其中之一就是"坚持人民至上，从人民整体利益、根本利益、长远利益出发谋划和推进改革"。只有坚持人民至上，从人民利益出发谋划改革思路、制定改革举措，把握和处理好涉及改革的重大问题，才能不断实现人民对美好生活的向往，这样的改革才有意义。

做到改革为了人民，必须深入了解人民群众需求，解决人民群众面临的实际问题，提升人民群众生活水平。为此，要深入调研，广泛听取各方面意见，了解人民群众在就业、教育、医疗、托育、住房、养老等方面的需求。要注重从老百姓急难愁盼中找准改革的发力点和突破口，多推出一些民生所急、民心所向的改革举措，多办一些惠民生、暖民心、顺民意的实事。同时，把是否促进经济社会发展、是否给人民群众带来实实在在的获得感作为改革成效的评价标准，不断改进和完善各项政策措施。

做到改革依靠人民

习近平总书记指出："依靠人民而改革，改革才有动力"。人民是历史的创造者，是决定党和国家前途命运的根本力量。40 多年来，改革开放在认识和实践上的每一次突破和深化，改革开放中每一个新生事物的产生和发展，改革开放每一个领域和环节经验的创造和积累，无不来自亿万人民的智慧和实践。历史和实践充分证明，没有人民支持和参与，任何改革都不可能取得成功。无论遇到任何困难和挑战，只要有人民支持和参与，改革就没有克服不了的困难，就没有越不过的坎。

新时代，全面深化改革之所以能取得历史性伟大成就，一个主要原因就是广泛听取群众意见和建议，及时总结群众创造的新鲜经验，充分调动群众推进改革的积极性、主动性、创造性。比如，为了起草好"十四五"规划建议，习近平总书记主持召开7场座谈会，并强调："我们要着眼长远、把握大势，开门问策、集思广益，把加强顶层设计和坚持问计于民结合起来"。又如，党的二十届三中全会前，文件起草组广泛征求意见，开展专题论证，进行调查研究，反复讨论修改。这些都是广泛听取群众意见和建议，把群众智慧充分吸收到改革设计中来的生动实践。在全面深化改革过程中，正是因为始终坚持以人民为中心，尊重人民主体地位，紧紧依靠人民推动改革，我们才在披荆斩棘的奋斗中书写了两大奇迹的新篇章。

改革越往后，难啃的硬骨头越多，推进改革矛盾多、难度大，但不改不行。同时，人民群众还有不少操心事、烦心事，我们的民生工作还有不少不尽如人意的地方。改革任务越繁重，就越要依靠人民群众支持和参与，善于通过提出和贯彻正确的改革措施带领人民前进，善于从人民的实践创造和发展要求中完善改革的政策主张。党的二十届三中全会召开前，习近平总书记主持召开企业和专家座谈会，聚焦改革，开门问策，表示"对大家提出的进一步全面深化改革的意见和建议，有关方面要认真研究吸纳"。人民群众中蕴藏着无穷的智慧和力量。在进一步全面深化改革进程中，遇到关系复杂、难以权衡的利益问题，遇到解决起来十分棘手的深层次问题，都要坚持问计于民、问需于民，加强对重大改革问题的调研，在改革设计中尽可能多听一听基层和一线的声音，充分吸收社会诉求、群众智慧、基层经验，依靠人民群众的力量找到解决问题的思路和动力。

做到改革依靠人民，就要聚焦发展全过程人民民主，坚持党的领导、人民当家作主、依法治国有机统一，推动人民当家作主制度更加健全、协商民主广泛多层制度化发展。要健全全过程人民民主制度体系，拓展民主渠道，丰富各层级民主形式，把人民当家作主具体、现实地体现到国家政治生活和社会生活各方面，把最广大人民智慧和力量凝聚到改革上来。

做到改革成果由人民共享

随着中国式现代化不断推进和拓展，人民对美好生活的向往也更加强烈。习近平总书记指出："我们党推进全面深化改革的根本目的，就是要促进社会公平正义，让改革发展成果更多更公平惠及全体人民。"从人民的整体利益、根本利益、长远利益出发，拿出更多改革创新举措，把就业、教育、医疗、社保、住房、养老、食品安全、生态环境、社会治安等问题一个一个解决好，才能让改革发展成果更多更公平惠及全体人民。《决定》提出"在发展中保障和改善民生是中国式现代化的重大任务"，并对"健全保障和改善民生制度体系"作出战略部署。落实好党的二十届三中全会部署的改革任务，要坚持尽力而为、量力而行，不断满足人民对美好生活的向往。

坚持尽力而为，以促进社会公平正义、增进人民福祉为出发点和落脚点。《决定》就完善收入分配制度、完善就业优先政策、健全社会保障体系、深化医药卫生体制改革、健全人口发展支持和服务体系等提出一系列重大改革举措。这些举措的落地见效，必将不断造福人民。贯彻落实党的二十届三中全会精神，要完善收入分配制度，规范收入分配秩序；优化创业促进就业政策环境，支持和规范发展新就业形态；健全灵活就业人员、农民工、新就业形态人员社保制度，全面取消在就业地参保户籍限制；加大保障性住房建设和供给，满足工薪群体刚性住房需求；深化医药卫生体制改革，实施健康优先发展战略；健全人口发展支持和服务体系，完善生育支持政策体系和激励机制，完善发展养老事业和养老产业政策机制，按照自愿、弹性原则稳妥有序推进渐进式延迟法定退休年龄改革；等等。要坚持"致广大而尽精微"，把各项改革工作做扎实、做到位。

坚持量力而行，在发展中保障和改善民生。习近平总书记指出："要统筹需要和可能，把保障和改善民生建立在经济发展和财力可持续的基础之上，不要好高骛远，吊高胃口，作兑现不了的承诺。"量力而行，强调的是必须一切从实际出发，充分考虑特定发展阶段的现实条件。要正确认识和处理好发展与保障和改善民生的关系，既要通过保障和改善民生来带动发展，又要根据发展水平确定民生的保障和改善程度。为此，要强化问题导向，从现实条件下可以做到的事情做起，紧盯老百姓在社会保障方面反映强烈的烦心事、操心事、揪心事不断推进改革，集中精力加强普惠性、基础性、兜底性民生建设，以钉钉子精神，一件事情接着一件事情办、一年接着一年干，锲而不舍推进民生保障事业持续发展。

《人民日报》2024年8月6日第9版

改革必须坚持以人民为中心

臧安民

国家主席习近平在二〇二五年新年贺词中指出："中国式现代化的新征程上，每一个人都是主角，每一份付出都弥足珍贵，每一束光芒都熠熠生辉。"人民是历史的创造者，群众是真正的英雄。为什么人、靠什么人的问题，是检验一个政党、一个政权性质的试金石。我们党没有自己特殊的利益，党在任何时候都把群众利益放在第一位。这是我们党作为马克思主义政党区别于其他政党的显著标志。党的二十届三中全会《中共中央关于进一步全面深化改革、推进中国式现代化的决定》（以下简称《决定》）将"坚持以人民为中心"作为进一步全面深化改革的重大原则之一，彰显了进一步全面深化改革的根本立场和价值取向。深入学习贯彻习近平总书记关于全面深化改革的一系列新思想、新观点、新论断，必须牢牢把握改革必须坚持以人民为中心，以促进社会公平正义、增进人民福祉为出发点和落脚点，以改革之举、改革之力、改革之效，真正让人民群众在改革中不断增强获得感、幸福感、安全感。

改革取向顺应人民期待

在二十届中共中央政治局常委同中外记者见面时，习近平总书记郑重宣示："想人民之所想，行人民之所嘱，不断把人民对美好生活的向往变为现实。"我们深入学习党的二十届三中全会《决定》会发现，像"完善学生实习实践制度""支持用人单位办托、社区嵌入式托育、家庭托育点等多种模式发展"等大大小小的群众身边事、贴心事、具体事，也写入了党中央文件，融入国家发展的顶层设计，以人民为中心的发展思想在进一步全面深化改革中绽放更加耀眼的光芒。进一步全面深化改革，必须领会好改革意图，把握准改革指向，顺应人民期待，倾听人民心声，回应人民关切，真正做到人民有所呼、改革有所应。

顺应人民期待就要坚持人民性这个马克思主义本质属性。习近平总书记指出："人民对美好生活的向往就是我们的奋斗目标，抓改革、促发展，归根到底就是为了让人民过上更好的日子。"党的十八大以来，以习近平同志为核心的党中央在就业、教育、医疗、托育、养老、住房等人民群众最关心最直接最现实的利益问题上，持续推进重点领域改革。比如，户籍制度改革打破多年城乡壁垒，让1.4亿农业转移人口落户城镇；个人所得税改革着力惠及民生，2.5亿人税收负担明显减轻；医药卫生体制改革推进国家组织药品和高值耗材集中采购和使用，医药费用过快增长势头得到初步遏制……新时代以来，各方面推出的2000多个改革方案涉及衣、食、住、行等各个环节，一个大写的"人"字贯穿始终，充分彰显了改革的逻辑起点、价值旨归。

顺应人民期待就要不断满足人民群众对美好生活的向往。党的十八大以来，全面深化改革取得重大实践成果、制度成果、理论成果。我国国内生产总值从 2012 年的 54 万亿元增长到 2023 年的 129 万亿元，稳居世界第二位；2023 年人均国内生产总值接近高收入国家门槛；打赢脱贫攻坚战，历史性地解决了绝对贫困问题；建成世界上规模最大的教育体系、社会保障体系、医疗卫生体系，推动全体人民共同富裕迈出坚实步伐，人民生活品质不断提高。但是，城乡区域发展和收入分配差距仍然较大，幼有所育、学有所教、劳有所得、病有所医、老有所养、住有所居、弱有所扶等民生保障方面仍存在不少难题。从"有没有"到"好不好"，老百姓关心什么、期盼什么，改革就要抓住什么、推进什么，以改革来打破"不平衡不充分的发展"的制约。

顺应人民期待就要落实在发展中保障和改善民生这一中国式现代化的重大任务。党的二十届三中全会《决定》聚焦提高人民生活品质，就完善收入分配制度、完善就业优先政策、健全社会保障体系、深化医药卫生体制改革、健全人口发展支持和服务体系等作出一系列重要部署。进一步全面深化改革，就要以促进社会公平正义、增进人民福祉为出发点和落脚点，多推出一些民生所急、民心所向的改革举措，多采取一些惠民生、暖民心、顺民意的实招实事，把改革的含金量充分体现出来，让人民群众可感可及、得到实惠。

改革举措充分吸纳民意

习近平总书记指出："改革开放在认识和实践上的每一次突破和深化，改革开放中每一个新生事物的产生和发展，改革开放每一个领域和环节经验的创造和积累，无不来自亿万人民的智慧和实践。"只有充分尊重人民主体地位和首创精神，进一步全面深化改革才能充分激发人民群众的积极性、主动性、创造性。

改革是人民群众自己的事业，必须充分吸纳民意。我们党一直坚持从群众中来、到群众中去，把马克思主义认识论、群众观具体体现在科学思想方法、工作方法上。比如，就研究吸收网民对党的二十大相关工作意见建议，习近平总书记作出重要指示，强调这是"全党全社会为国家发展、民族复兴献计献策的一种有效方式，也是全过程人民民主的生动体现"；2023 年 11 月底，党中央下发通知，就党的二十届三中全会议题在党内一定范围征求意见，同时通过一定方式征求部分党外人士意见和建议，不久后，带着对党情国情世情的调研思考，凝结着各方面的智慧，111 份意见和建议从四面八方汇集而来；等等。这些都是广泛听取群众意见建议的生动实践。正是因为始终坚持开门问策、集思广益，改革才得到人民的拥护支持，激发出人民的无穷力量。

充分吸纳民意，需要每个党员干部特别是领导干部坚守想人民之所想、行人民之所嘱的鲜明立场。人民群众对实践变化感知最敏感、感受最深切。离基层越近，同群众越亲，越能体会群众的所急所盼是什么，越能发现问题的症结在哪里，提出的对策也就更有针对性，拿出的办法也就更符合实际。从深入天寒地冻的太行山深处，顶风冒雪看真贫；到走进河北保定受灾群众家中，看温度计、摸暖气片，感受百姓冷暖；再到在湖南常德沿着田边小道，同种粮大户、农技人员、基层干部一笔一笔算投入产出账……新时代以来，习近平总书记总是把人民的所思所盼、安危冷暖装在心里，融入国家发展的顶层设计中。党员干部特别是领导干部要大兴调查研究，走好新时代党的群众路线，把社会期盼、群众智慧、专家意见、基层经验充分吸收到改革举措中来，围绕解决突出矛盾设置改革议题，优化重点改革方案生成机制；充分发挥民主民意表达平台和载体的重要作用，自觉问计于基层、问计于群众，运用大数据、云计算、人工智能等新技术新手段，不断拓展吸纳民意、汇集民智的途径和方法，真正把人民的智慧、人民的探索、人民的创造转化为进一步全面深化改革的强大动力。

充分吸纳民意，必须加强制度保障。"小智治事，大智治制"，制度是管根本、管长远的。党的二十届三中全会《决定》提出"健全吸纳民意、汇集民智工作机制"，这是加强人民当家作主制度建设的重要内容，是对人民立场、人民利益、人民力量的充分彰显和生动印证。要运用好人民代表大会制度这个全过程人民民主的重要制度载体，完善人大代表联系群众制度，通过基层立法联系点、人大代表之家、人大代表联络站等平台，积极反映人民群众的意愿呼声；要善于从人民群众的实践创造和发展要求中完善政策主张，让越来越多来自基层的声音直达各级决策层，越来越多的群众意见转化为党和政府的重大决策；要加强同基层群众面对面交流，把群众的"金点子"转化为推进改革发展的"金果子"。

改革过程组织人民参与

没有人民支持和参与，任何改革都不可能取得成功。在总结新时代全面深化改革取得历史性伟大成就时，习近平总书记深刻指出："这是一场人民广泛参与的深刻变革。"人民广泛参与，深刻诠释着人民是历史的创造者，是决定党和国家前途命运的根本力量。

每个人既是改革的受益者，也是改革的参与者。最深刻的变化在于人，最根本的利益归于人，最强大的动力源于人。从"两弹一星"精神、焦裕禄精神，到脱贫攻坚精神、企业家精神；从帮扶干部倾力奉献，以东西部协作促进区域协调发展，到大国工匠精益求精，让中国制造闪耀世界；从上海中心大厦为4000多名建设者设立荣誉之墙，到广东东莞地标建筑亮灯致敬平凡善良的劳动者；从"我是党员我先上"的逆行出征，到"请党放心、强国有我"的青春誓言和"清澈的爱、只为中国"的深情告白……"人"是进一步全面深化改革、推进中国式现代化最强大底气，亿万人民以"国家的主人、社会的主人、自己命运的主人"的使命感和责任感，知难而进、发愤图强，书写下勇于担当、推进改革的动人篇章。

进一步全面深化改革，必须充分激发人民群众的积极性、主动性、创造性。"用众人之力，则无不胜也"。习近平总书记强调："改革是人民群众自己的事业，要全体人民共同参与，团结一致攻坚克难。"党的二十届三中全会提出300多项重要改革举措，涵盖经济、政治、文化、社会、生态文明等多个领域，每一项都关乎人民群众的切身利益。这就要求我们加强面向基层和群众的宣传解读，引导全社会正确理解党中央的战略考量，正确理解各项改革举措的现实意义、目标指向，以凝聚共识，筑牢全党全社会推进改革的思想基础、群众基础，推动亿万群众满腔热忱投身改革、万众一心支持改革、齐心协力推动改革，激发进一步全面深化改革的"总的合力"。

改革成果由人民共享

习近平总书记指出："我们党推进全面深化改革的根本目的，就是要促进社会公平正义，让改革发展成果更多更公平惠及全体人民。"改革成果由人民共享，彰显了以人民为中心的发展思想和人民至上的价值理念。

改革成果由人民共享是坚定改革指向的必然要求。不断满足人民对美好生活的向往没有终点。让人民生活幸福是"国之大者"，也是改革开放事业的奋斗目标。着眼于实现人民美好生活、促进社会公平正义、推动共同富裕，党的二十届三中全会《决定》从人民整体利益、根本利益、长远利益出发谋划和推进改革，积极回应人民群众新要求新期待，对解决人民群众反映强烈的突出问题作出战略部署。正是因为我们党做到了改革为了人民、改革依靠人民、改革成果由人民共享，改革开放事业才底气坚实、动力强劲、前景光明，以不断造福亿万人民赢得人民群众衷心拥护。

改革成果由人民共享是评定改革成效的根本标准。习近平总书记强调："改革发展搞得成功不成功，最终的判断标准是人民是不是共同享受到了改革发展成果。"人民的获得感，体现着改革的含金量。党的十八大以来，全面深化改革从人民群众反映最强烈的问题入手，大到医疗、教育等重大领域改革，细到身份证异地受理、婚姻登记"跨省通办"等便民服务，影响人民群众切身利益的就业、教育、医疗、社保、住房、养老、食品安全、生态环境、社会治安等问题不断得到解决。在进一步全面深化改革中，既要坚持尽力而为，也要坚持量力而行，把各项改革工作做扎实、做到位；既要做好做大"蛋糕"，也要进一步分好"蛋糕"，让改革发展成果更多更公平惠及全体人民，扎实推进全体人民共同富裕。

以实绩实效当好进一步全面深化改革的坚定行动派、实干家

党的二十届三中全会《决定》专门强调"以钉钉子精神抓好改革落实"，要求"对党中央进一步全面深化改革的决策部署，全党必须求真务实抓落实、敢作善为抓落实"。进一步全面深化改革的蓝图已经绘就、号角已经吹响，最紧要的任务就是抓好改革落实。党员干部要当好坚定的行动派、实干家，让每一项改革举措落到实处、见到实效，实现人民对美好生活的向往。

以时时放心不下的责任感，奋力打开改革发展新天地。习近平总书记在十八届中央纪委五次全会上说："我在地方工作时，逢年过节都得值班，生怕出了什么事"；2022 年在海南考察时说："有位革命前辈曾说过这样的话，'时时放心不下'。我听了很有共鸣。"时时放心不下，体现了坚定不移的党性、初心使命的坚守、守土尽责的担当，是务实作风的具象化。书写进一步全面深化改革这一实践续篇和时代新篇，把"全景图"转换为"实景图"，要求党员干部自觉把改革的责任装在心中、扛在肩上，时常问一问自己的责

任尽到了吗？该干的干好了、干优了吗？真正做到直面矛盾问题不回避，铲除顽瘴痼疾不含糊，应对风险挑战不退缩。

着力解决乱作为、不作为、不敢为、不善为问题。解决"乱作为"问题，关键是要加强正确政绩观教育，改进政绩考核，推动领导干部在"实"字上下功夫，察实情、出实招、求实效，步步为营、稳扎稳打，坚决防止和克服形式主义；在"长"字上下功夫，谋长远、谋未来，以"功成不必在我"的精神境界、"功成必定有我"的历史担当，持续发力、善作善成；在"勇"字上下功夫，勇于触碰深层矛盾问题，勇于突破利益固化藩篱，以敢为人先、敢于斗争的勇气，以事不避难、义不避责的决心，创造经得起实践、人民、历史检验的业绩。解决"不作为"问题，关键是要落实和完善《推进领导干部能上能下规定》，推动形成能者上、优者奖、庸者下、劣者汰的良好局面。解决"不敢为"问题，关键是要落实和完善"三个区分开来"具体办法，正确看待干部在履职中的失误和错误，把从严管理监督和鼓励担当作为高度统一起来，旗帜鲜明为担当者担当、为负责者负责、为干事者撑腰。解决"不善为"问题，关键是要坚持以习近平新时代中国特色社会主义思想凝心铸魂，健全常态化培训特别是基本培训机制，认真落实领导班子读书班、"第一议题"、专题党课、专题研讨等具体制度，推动党员干部特别是领导干部把握好习近平新时代中国特色社会主义思想的世界观和方法论，坚持好、运用好贯穿其中的立场观点方法，真正把学习成效转化为立足岗位进一步全面深化改革、推进中国式现代化的实际行动；大力锻造堪当民族复兴重任的高素质干部队伍，鲜明树立选人用人正确导向，做深做实政治素质考察，大力选拔政治过硬、敢于担当、锐意改革、实绩突出、清正廉洁的干部，推动干部保持以政治能力为前提、以专业能力为基础、以战略思维和专业思维为媒介、以领导能力和专业精神为支撑的特质；加强干部思想淬炼、政治历练、实践锻炼、专业训练，完善"原理学理哲理加案例"的培训交流机制，全面提高干部现代化建设能力。

健全层层压实责任、层层狠抓落实的工作机制。习近平总书记2024年10月在福建考察时强调："衡量干部业绩好不好，关键要看老百姓口碑好不好。各级领导干部要向谷文昌同志学习，树牢正确政绩观，为官一任、造福一方，真抓实干、久久为功，把丰碑立在人民群众心中。学习谷文昌同志，不仅要高山仰止，还要见贤思齐，像他那样做人、为政。"进一步全面深化改革，关键在干、在实干。广大党员干部特别是领导干部要紧密结合工作职责，把改革任务落细落小落实，明确责任、跟踪问效，以责促行、以责问效。讲责任、负责任，再大的困难也会想出办法去克服。要聚焦问题、解决问题。问题是时代的呼声，是事物矛盾的表现形式，也是改革的逻辑起点。要强化问题意识、坚持问题导向，着力解决制约高质量发展的堵点问题、影响社会公平正义的热点问题、民生方面的难点问题、党的建设的突出问题、各领域的风险问题，并不断在改革实践中发现问题、完善举措、纠正偏差，让"问题清单"成为"成果清单"，以改革实效书写不负人民的改革答卷。

《人民日报》2025年1月6日第9版

顺应人民心声和时代潮流的发展理念

徐　步

发展是硬道理。习近平总书记指出："实现现代化是世界各国人民的权利和必然选择，关键是找到符合国情、符合人类社会发展规律的发展道路。"过去一个时期，一些"全球南方"国家曾全盘照搬西方模式，结果绝大多数陷入经济长期停滞、社会政治动荡的困境。如今，中国式现代化的成功实践和取得的巨大成就，使"全球南方"国家看到了新的希望，有了新的选择。中国的发展理念展示出鲜明的时代性、科学性和实践性，遵循人类社会发展规律，顺应当今时代发展潮流，为世界各国实现现代化提供了有益参考和借鉴。

坚持以人民为中心

习近平主席指出："发展是实现人民幸福的关键。"坚持以人民为中心，是中国发展的本质要求。马克思主义认为，物质生产力是全部社会生活的物质前提。中国共产党在百余年奋斗中，始终牢牢把握发展主线，充分认识发展任务的艰巨性、曲折性和长期性，以坚定的态度和强烈的行动自觉，团结带领中国人民实现了从积贫积弱到建立独立完整工业体系的蜕变，完成了从民不聊生到全面建成小康社会的跨越。通过发展，走出了中国式现代化道路，开启了全面建设社会主义现代化国家新征程。

发展是基础。经济不发展，一切都无从谈起。增进民生福祉是发展的根本目的，人民幸福生活是最大的人权。以习近平同志为核心的党中央坚持以人民为中心的发展理念，在发展中使广大人民的获得感、幸福感、安全感更加充实、更有保障、更可持续。中国已经实现8亿贫困人口全部脱贫，提前完成联合国2030年可持续发展议程的减贫目标，"为实现2030年可持续发展议程所描绘的更加美好和繁荣的世界作出了重要贡献"。中国以新时代脱贫攻坚伟大实践，深刻诠释了以人民为中心的发展理念，生动展现了发展是消除贫困的有效途径、更是保障人民基本权利的根本办法。

事实证明，以人民为中心的发展理念经得起历史的检验。习近平主席提出全球发展倡议，呼吁将发展置于全球宏观政策框架的突出位置，推动多边发展合作进程，主张在发展中保障和改善民生、保护和促进人权，重申了发展的必要性和重要性，是中国向国际社会分享的重要经验，有助于推动国际社会重新关注发展问题、汇聚资源解决发展问题。全球发展倡议旨在加快落实联合国2030年可持续发展议程，致力于共建团结、平等、均衡、普惠的全球发展伙伴关系，共创普惠平衡、协调包容、合作共赢、共同繁荣的发展格局，推动构建全球发展命运共同体。

坚持践行全人类共同价值

当前，世界之变、时代之变、历史之变正以前所未有的方式展开。"文明冲突论""文明优越论"沉渣泛起，加剧了不同文明之间的隔阂，严重阻碍了国际社会交流合作。一些国家以意识形态划界、大搞阵营对抗的冷战思维以及以"价值观"为名划分敌友、拉帮结派的做法，给世界和平与发展、繁荣与进步带来巨大阴影。世界又一次站在了历史的十字路口。从深层次看，问题的根源是发展严重失衡，和平没有保障，公平正义得不到有效维护。2015年9月，习近平主席在出席第七十届联合国大会一般性辩论并发表重要讲话时首次提出"和平、发展、公平、正义、民主、自由，是全人类的共同价值"，之后多次对全人类共同价值作出深刻阐述。要真正实现包容性增长和可持续发展，就必须摆脱意识形态偏见，摒弃冷战思维与零和思维，真正做到在文明交流互鉴的基础上相互尊重、共同发展。

每一种文明都扎根于自己的生存土壤，凝聚着一个国家、一个民族的非凡智慧和精神追求。文明多样性是世界的基本特征，也是人类进步的源泉。文明差异有别，各美其美，美美与共，而非唯我独尊，这是人类文明丰富多彩的应有之义。从文明的共通性看，和平、发展、公平、正义、民主、自由，反映了世界各国人民普遍认同的价值理念最大公约数。全人类共同价值凝聚了人类不同文明的价值共识，超越了意识形态、社会制度和发展水平差异，切实回应了各国人民的普遍期待和共同诉求。这些要素紧密联系、相辅相成，形成文明交流互鉴所追求的崇高境界。

实现和平发展，必须有开放包容、兼收并蓄的胸怀。中华文明长期以来同世界其他文明和平交流、互学互鉴。张骞出使西域，开辟了丝绸之路，打开了中国与外部世界交流的大门；玄奘取经天竺，实现了古印度佛教经典在中国的传播；鉴真东渡东瀛，将唐朝的先进文化传至日本；郑和七下西洋，促进了中西贸易融通和文化交流。丝绸之路是文明交流互鉴、和合共生的典型范例。大漠漫漫，驼铃声声，不仅传播了丝绸、瓷器和茶艺等，也极大推动了沿线各国人民的文化交流。在中国先哲看来，任何事物都有可取之处，要以虚心的态度加以学习，并丰富自己。《楚辞》曰："尺有所短，寸有所长"。孔子说："三人行，必有我师焉。"在几千年的历史长河中，中华文明与其他文明交汇融通、创新发展。推动文明交流互鉴是不同国家、不同民族增进了解、建立互信、构筑友谊、加强合作的重要基础。

坚持推动构建人类命运共同体

习近平主席指出："发展是第一要务，适用于各国。"发展是世界各国的权利，而不是少数国家的专利。在人类追求幸福的道路上，一个国家、一个民族都不能少。随着经济全球化的深入发展，人类越来越成为你中有我、我中有你的命运共同体。没有哪个国家能够独自应对人类面临的各种挑战，也没有哪个国家能够退回到自我封闭的孤岛，必须秉持"同球共济"精神，坚持共商共建共享，推动构建人类命运共同体。

共商共建共享，核心是"共"。这就要求国际社会各个成员相互尊重、平等协商、共谋安全、同促发展。习近平主席提出全球发展倡议、全球安全倡议和全球文明倡议，高质量共建"一带一路"，顺应各国特别是"全球南方"国家的诉求，为国际社会携手建设一个持久和平、普遍安全、共同繁荣、开放包容、清洁美丽的世界指明了方向。

习近平主席强调："我们要推动经济全球化更多释放正面效应，进入更有活力、更加包容、更可持续的新阶段。"中国致力于推动普惠包容的经济全球化，更好惠及不同国家、不同群体。全球发展倡议聚焦发展优先，推动全球发展迈向平衡协调包容的新阶段，共建团结、平等、均衡、普惠的全球发展伙伴关系。

中国不断凝聚发展的国际共识，营造有利于发展的国际环境。一是通过元首外交加强国际社会对发展问题的重视。习近平主席在多边、双边等多个重大外交场合强调发展的重要性，推动全球发展倡议落实落地。二是中国政府通过多种途径推动国际社会聚焦发展议题。中国发布《中国联合国合作立场文件》《全球发展报告》等，阐述全球发展倡议的目的、理念、行动及与联合国对接合作等立场观点，提出共同构建全球发展命运共同体的政策建议。三是开展机制化经验交流。比如，举办全球共享发展行动论坛，在论坛框架下共享发展经验。四是把共同发展理念扎实落实到行动上。中国不仅是全球发展的倡议者，更是促进发展的行动派。中国持续加大资源投入，推动倡议落地。比如，中国将南南合作援助基金整合升级为"全球发展和南南合作基金"、加大对中国—联合国和平与发展基金的投入、成立全球发展促进中心等。

"潮平两岸阔，风正一帆悬。"习近平主席站在时代前列、把握时代脉搏，提出全球发展倡议、全球安全倡议和全球文明倡议，表明了当世界又一次站在历史的十字路口时，中国共产党人的鲜明立场和使命担当。中国的发展理念来源于对中国式现代化道路的探索，充分彰显了中国式现代化的宏阔实践，也为大力推动全球共同发展提供了借鉴。只有摒弃你输我赢的零和思维，充分尊重符合各国国情的发展道路，致力于推动构建人类命运共同体，才能真正建设一个更加美好的世界。

《人民日报》2025年2月5日第9版

深刻理解
"民心是最大的政治"的哲学内涵

臧峰宇

百余年来，为人民而生、因人民而兴的中国共产党将人民作为执政的最大底气和最深厚的根基，始终保持同人民的血肉联系，与人民心心相印、同甘共苦、团结奋斗。新时代以来，习近平总书记创造性地提出并强调"民心是最大的政治"，将以人民为中心贯穿治国理政全过程，把人民对美好生活的向往作为始终不渝的奋斗目标，人民群众的获得感、幸福感、安全感显著增强。新征程上，以中国式现代化全面推进强国建设、民族复兴伟业，要深刻理解"民心是最大的政治"的哲学内涵，科学把握其中蕴含的马克思主义政治哲学的根本价值指向，始终坚持以人民为中心的发展思想，依靠人民打开改革发展新天地。

"民心是最大的政治"彰显了马克思主义人民观与中国传统民本思想的内在融通

马克思主义是人民的理论，人民性是马克思主义的本质属性。历史唯物主义认为，人民群众是历史的创造者和真正的英雄。以民为本、顺应民心，是中国传统政治哲学的基本理念。马克思主义赋予中国传统民本思想以科学理性精神。"民心是最大的政治"体现了马克思主义人民观同中国具体实际相结合、同中华优秀传统文化相结合，是我们党在百余年征程中始终秉持的价值理念，也是在前进道路上必须始终坚持的价值理念。

"民心是最大的政治"体现了马克思主义政治哲学的根本价值指向。马克思指出："整个所谓世界历史不外是人通过人的劳动而诞生的过程，是自然界对人说来的生成过程"。全部社会生活在本质上是实践的，人民群众是社会历史的主体，是社会物质财富和精神财富的创造者，是推动社会发展的决定性力量。在马克思主义看来，国家制度是人民意志的现实体现，执政的合法性来自人民的信任和支持。人民群众在生产过程中不断促进生产力发展并改变社会关系，体现社会基本矛盾运动规律，社会历史从根本上说是人民群众在社会实践中创造的历史。民心是衡量一个社会政治认同度的重要标尺，是促进国家发展的长足动力。民心之所向是不可抗拒的历史潮流，体现着每一个历史时代的公共精神，预示着社会发展的根本方向。

"民心是最大的政治"蕴含着中国古代政治哲学中民为邦本、政得其民的朴素民本思想。《诗经》有云："君子如届，俾民心阕。君子如夷，恶怒是违。"《尚书》亦言："民惟邦本，本固邦宁。"战国竹简《厚父》篇有载："民心惟本，厥作惟叶。"以得民心为本，以此来讲治国之道，突出了民心的重要意义。孟子援引《尚书》中"天视自我民视，天听自我民听"，说明天和人是一致的，反映了对人民地位的重视和对民意的尊重。管子认为，"政之所兴，在顺民心；政之所废，在逆民心。"中华文明史5000余年治乱兴衰的事实表明，得民心者得天下，一个政权的命运根本上是由民心所决定的。"水可载舟，亦可覆舟""鱼失水则死，水失鱼犹为水也"，被视为处理君民关系的古训。将民之所望视为政之所向，将民心作为政治正当性的基础，乃中国传统"王道""仁政"之理。以民心为天命，察民意顺民心，强调"博施于民而能济众"，忧民之忧，乐民之乐，是中国古代政治思想家论述理想政治的重心所在。

必须坚持人民至上，是习近平新时代中国特色社会主义思想世界观和方法论的重要内容。"江山就是人民，人民就是江山""人民当家作主是社会主义民主政治的本质和核心""人心向背、力量对比是决定党和人民事业成败的关键，是最大的政治""国家一切权力属于人民""一切成就归功于人民""人民是我们党的工作的最高裁决者和最终评判者""人民是我们党执政的最大底气，是我们共和国的坚实根基，是我们强党兴国的根本所在"……习近平总书记的重要论述，继承和发展了马克思主义唯物史观，具有深厚的中华优秀传统文化渊源，深刻表明人民的历史主体地位，从本质属性层面深刻揭示我国国家政权与人民当家作主的内在统一性，在新的时代条件下丰富和发展了马克思主义人民观。将民心作为最根本、最大的政治，将为什么人的问题作为中国特色社会主义事业发展的根本的原则性的问题，将全过程人民民主作为以人民为中心的政治承诺和实践创造，以最广大人民根本利益作为党的一切工作的最高标准，把人民至上作为我们党治国理政的出发点、落脚点，由此形成的政治逻辑深刻表明：人民对美好生活的向往就是我们的奋斗目标。

"民心是最大的政治"体现了党团结带领人民在百余年征程上坚守的政治逻辑

"民心是最大的政治"体现了我们党在百余年奋斗征程上始终秉持的政治理念。不同于以资本逻辑为主导的西方现代社会发展模式，我们党带领人民取得的辉煌成就，体现了历史和人民的选择。我们党将以人民为中心作为一以贯之的执政理念，将密切联系群众作为最大的政治优势，将脱离群众作为执政的最大危险，把实现好、维护好、发展好最广大人民的根本利益作为一切工作的出发点和落脚点，彰显了马克思主义政治哲学发展的内在逻辑。

资本逻辑的现实化是一个充满内在矛盾的过程。这种内在矛盾从根本上表现为生产的社会化与生产资料资本主义私人占有之间的矛盾，造成了严重的现代性危机。马克思深刻揭示了资本逻辑的秘密，在批判现代性危机的同时，提出超越现代性困境的政治哲学主张，认为人民群众的实践活动是历史规律形成的源泉和实现途径，人民生活中蕴藏着最基本最丰富最生动的生产要素。走出现代性的困境，必须摆脱资本逻辑的束缚，在联合起来的劳动实践中释放现代性的潜能,进而实现人的自由全面发展。

"民心是最大的政治"表明人民是创造历史的动力。我们党来自人民、植根人民、服务人民,从成立之日起就坚持把为中国人民谋幸福、为中华民族谋复兴作为初心使命。百余年来,党始终遵循全心全意为人民服务的根本宗旨,以百姓心为心,始终保持同人民群众的血肉联系,始终与人民同呼吸、共命运。毛泽东同志指出:"战争的伟力之最深厚的根源,存在于民众之中""党群关系好比鱼水关系"。邓小平同志指出:"我们党提出的各项重大任务,没有一项不是依靠广大人民的艰苦努力来完成的。"正是坚持以人民为中心,将人民立场作为根本政治立场,发挥人民主体作用,我国经济社会发展才取得了举世瞩目的成就。这深刻诠释着一切依靠人民是我们党战胜困难和挑战、不断取得成功的根本保证。

习近平总书记告诫全党:"一个政党,一个政权,其前途和命运最终取决于人心向背。如果我们脱离群众、失去人民拥护和支持,最终也会走向失败。"党的十八大以来,我们党以造福人民为最大的政绩,以服务人民为最大的幸福,依靠人民成功推进和拓展了中国式现代化,在为人民群众美好生活不懈奋斗的伟大实践中赢得了民心。现代化的本质是人的现代化。只有坚持以人民为中心,才会有正确的发展观、现代化观。我们党把人民放在心中最高位置,大力推进中国式现代化,明确了"民心是最大的政治"的实践路径,明确了中国式现代化的政治逻辑,体现了中国特色社会主义制度的内在要求。坚持全过程人民民主,汇聚最广泛的社会共识,使"民心是最大的政治"内化为社会主义民主制度的核心价值,夯实了国家治理体系和治理能力现代化的根基。以中国式现代化全面推进中华民族伟大复兴，凝聚最大的民心和最广泛的共识。

"民心是最大的政治"提供了推进中华民族共同体建设的价值遵循

超越物质匮乏和交往异化的共同体形式，使人们摆脱异己力量的支配，建构"真正的共同体"，获得自由发展的条件，是马克思超越"虚幻的共同体"的政治哲学愿景。马克思在分析历史上各种共同体形式的过程中，揭示了货币共同体的直接现实性及其抽象特征。货币共同体是生活于西方现代社会的人们赖以生存的实际环境，却不能反映人们的内在需要，甚至使人们陷入物质主义的泥淖。当人与人的关系在现代社会遭到异化，个人利益处于实际的公共利益之外，个体实践的自主性严重受限，"虚幻的共同体"成为一种异己的存在。因此，必须建构一种理想的共同体，使人们在其中全面发展其才能，实现共同利益、共享发展成果。

不同于西方现代化造成个人利益和公共利益的分离，中国式现代化坚持发展为了人民、发展依靠人民、发展成果由人民共享，致力于推动社会共融、利益共享、共同发展、共同受益。习近平总书记强调铸牢中华民族共同体意识，引导各族人民牢固树立休戚与共、荣辱与共、生死与共、命运与共的共同体理念，凝结着中华民族政治文明发展的历史经验，丰富和发展了马克思主义共同体理论。

"民心是最大的政治"厚植铸牢中华民族共同体意识的精神纽

带。中华民族共同体意识反映了多元一体的中华民族紧密相连、团结一心，突出了中华文明的统一性等特征以及中华民族本身的内聚特质，体现了更具凝聚力和向心力的民族关系，不仅使各民族得以实现真正意义上的平等、团结、进步，而且顺应中国式现代化的发展需要。凝聚民心作为推进中华民族共同体建设的内在要求，有力推动各民族交流交往交融，汇聚众志成城的磅礴力量，使维护国家统一和民族团结的思想长城更加坚固。

汇聚携手共进的合力，中国式现代化在历史前进的逻辑中前进。新时代以来，遵循"民心是最大的政治"这一价值理念，引导各族群众自觉铸牢中华民族共同体意识，不断推进中华民族共同体建设，促进各民族像石榴籽一样紧紧抱在一起，最大限度把各民族凝聚起来，实现各民族共同团结奋斗、共同繁荣发展。

"民心是最大的政治"揭示了促进社会公平正义和增进人民福祉的辩证关系

社会公平正义是现代社会的基本价值追求。马克思主义强调公平正义观念与一个社会的生产方式相一致，倡导人们在改变世界的实践中实现作为平等的正义。在马克思主义正义论与中国传统正义观相融通的过程中，增进人民福祉是促进社会公平正义的目的，社会公平正义是增进人民福祉的重要保障。民心是衡量社会公平正义程度的标尺，有效化解社会矛盾要形成符合社会共识的公平正义原则。

马克思从历史必然性出发论证人们的正义观念总是体现一定社

会的生产方式，同时批判了现代社会的虚假正义，表明正义的实现根本上体现为满足人们合理的社会需要。实现社会公平正义，以夯实稳固的经济基础为前提，而经济发展需要作为上层建筑的公平正义观念发挥社会意识的反作用。马克思主义对正义的诉求更多地体现为探究更好实现正义的社会条件，形成了一种诉求实质正义的政治哲学主张。

"民心是最大的政治"反映了马克思主义正义观的价值基点。中国式现代化是全体人民共同富裕的现代化。我们党坚持改善民生、倾听民意、回应民需，努力实现人民群众期盼的更好的教育、更稳定的工作、更满意的收入、更可靠的社会保障、更高水平的医疗服务、更舒适的居住条件、更优美的环境，使社会更加公平正义，人民生活更加美好。将社会公平正义置于中国式现代化建设的突出位置，激发社会活力，努力实现人民群众物质生活和精神生活的全面富裕，体现了中国特色社会主义的本质要求。

习近平总书记指出："公平正义是我们党追求的一个非常崇高的价值，全心全意为人民服务的宗旨决定了我们必须追求公平正义""生活在我们伟大祖国和伟大时代的中国人民，共同享有人生出彩的机会，共同享有梦想成真的机会，共同享有同祖国和时代一起成长与进步的机会"。我们党将民生作为做好经济社会发展工作的"指南针"，不断提高人民群众的生活质量和健康水平，不断提高人民群众的思想道德素质和科学文化素质，更好保障人民群众的经济、政治、文化、社会等各方面权益，在把"蛋糕"做大做好的同时，努力把"蛋糕"切好分好，更好实现社会公平正义，促进改革发展成果更多更公平惠及全体人民，让人民群众在共建共享发展中实现对美好生活的向往，使全体人民朝着共同富裕方向稳步前进，体现了社会主义制度的优越性。这深刻表明，"民心是最大的政治"体现了马克思主义政治哲学的本质特征，蕴含着我们必须遵循的方法论原则。

《人民日报》2025 年 3 月 28 日第 9 版

坚持人民至上　创造历史伟业

中共中央党史和文献研究院

　　坚持人民至上，是贯穿习近平新时代中国特色社会主义思想的一条红线。党的十八大以来，习近平总书记围绕坚持人民至上发表一系列重要论述，深刻回答了新时代中国共产党为什么人、靠什么人的根本问题。深入学习领会习近平总书记的重要论述，对于紧紧依靠人民团结奋斗，以中国式现代化全面推进强国建设、民族复兴伟业，具有重要意义。

坚持人民至上是马克思主义的本质要求

　　人民性是马克思主义的本质属性。坚持人民至上，深刻揭示了我们党尊重社会发展规律和尊重人民历史主体地位的一致性、为崇高理想奋斗和为最广大人民谋利益的一致性、完成党的各项工作和实现人民利益的一致性。

　　坚持人民至上体现了马克思主义的基本原理。马克思主义是为人民立言、为人民代言的理论，第一次创立了人民实现自身解放的思想体系，指明了依靠人民推动历史前进的人间正道。历史唯物主义科学阐明人民是历史的创造者，指出"历史活动是群众的活动"，决定历史发展的是"行动着的群众"。从这一观点出发，马克思主义为最终建立一个没有压迫、没有剥削、人人平等、人人自由的理想社会指明了方向。我们党始终坚持历史唯物主义这一基本观点，在革命、建设、改革各个历史时期，都紧紧依靠人民推进党和国家事业。党的十八大以来，习近平总书记反复强调，人民是决定我们前途命运的根本力量。在任何时候任何情况下，与人民同呼吸共命运的立场不能变，全心全意为人民服务的宗旨不能忘，群众是真正英雄的历史唯物主义观点不能丢。坚持人民至上，是新的历史条件下我们党对唯物史观的丰富和发展。只有坚持这一马克思主义的基本原理，我们才能把握历史前进的基本规律。只有按历史规律办事，我们才能无往而不胜。

坚持人民至上彰显了马克思主义政党的根本立场。人民立场是马克思主义政党区别于其他政党的显著标志。马克思、恩格斯在《共产党宣言》中庄严宣告："过去的一切运动都是少数人的，或者为少数人谋利益的运动。无产阶级的运动是绝大多数人的、为绝大多数人谋利益的独立的运动。"列宁指出："无产阶级政党的义不容辞的责任就是和群众在一起"，"为了为群众服务和代表他们正确地意识到的利益，先进队伍即组织必须在群众中开展自己的全部活动，毫无例外地吸收他们中间的一切优秀力量，并且要随时随地仔细客观地检查：是否同群众保持着联系，联系是否密切。"习近平总书记指出："为人民而生，因人民而兴，始终同人民在一起，为人民利益而奋斗，是我们党立党兴党强党的根本出发点和落脚点。"中国共产党作为马克思主义政党，党性和人民性从来都是一致的、统一的。我们党代表中国最广大人民根本利益，没有任何自己特殊的利益，从来不代表任何利益集团、任何权势团体、任何特权阶层的利益，这是我们党立于不败之地的根本所在。牢牢站稳人民立场，决定了我们党必须坚持人民至上，坚持一切为了人民、一切依靠人民，始终保持同人民群众的血肉联系，始终接受人民批评和监督，始终同人民同呼吸、共命运、心连心；也决定了我们党必须始终把人民拥护不拥护、赞成不赞成、高兴不高兴、答应不答应作为衡量一切工作得失的根本标准。

坚持人民至上承载了中国共产党人的初心使命。习近平总书记指出，党的初心和使命是党的性质宗旨、理想信念、奋斗目标的集中体现。这个初心和使命是激励中国共产党人不断前进的根本动力。守初心，就是要牢记全心全意为人民服务的根本宗旨，以坚定的理想信念坚守初心，牢记人民对美好生活的向往就是我们的奋斗目标；以真挚的人民情怀滋养初心，时刻不忘我们党来自人民、根植人民，人民群众的支持和拥护是我们胜利前进的不竭力量源泉；以牢固的公仆意识践行初心，永远铭记人民是共产党人的衣食父母，共产党人是人民的勤务员，永远不能脱离群众、轻视群众、漠视群众疾苦。坚守党的初心使命，必须坚持人民至上，坚持以人民为中心，把群众观点和群众路线深深植根于思想中、具体落实到行动上，不断巩固党执政的群众基础。

坚持人民至上是中国共产党历史经验的深刻总结

坚持人民至上，是中国共产党百年奋斗取得的宝贵历史经验。一百多年来，我们党与人民风雨同舟、生死与共，始终保持血肉联系，战胜了前进道路上的困难和风险，取得了举世瞩目的辉煌成就。

中国共产党自成立之日起，就把"人民"二字鲜明地写在自己的旗帜上。我们党领导人民打土豪、分田地，领导人民开展抗日战争、赶走日本侵略者，领导人民推翻三座大山、建立新中国，都是为人民根本利益而斗争。党的七大把"全心全意为中国人民服务"写入党章。毛泽东同志指出："全心全意地为人民服务，一刻也不脱离群众；一切从人民的利益出发，而不是从个人或小集团的利益出发；向人民负责和向党的领导机关负责的一致性；这些就是我们的出发点。"正是因为从人民根本利益出发，一刻也不脱离群众，我们党才赢得人民群众的广泛支持，创造了新民主主义革命的伟大成就。

新中国的成立，实现了中国向人民民主制度的伟大跨越，掌握了自己命运的中国人民，通过各种途径参与管理国家事务，管理经济、文化和社会事务，真正成为国家、社会的主人。在党的领导下，翻身做主人的中国人民焕发出前所未有的建设热情，意气风发投身中国历史上从来不曾有过的热气腾腾的社会主义建设，在不长的时间里就使我国社会发生了翻天覆地的变化，创造了社会主义革命和建设的伟大成就。

党在十一届三中全会后，继续探索中国建设社会主义的正确道路，解放和发展社会生产力，使人民摆脱贫困、尽快富裕起来。邓小平同志指出："党只有紧紧地依靠群众，密切地联系群众，随时听取群众的呼声，了解群众的情绪，代表群众的利益，才能形成强大的力量，顺利地完成自己的各项任务。"党始终坚持尊重人民群众的主体地位和首创精神，把是否有利于发展社会主义社会的生产力、是否有利于增强社会主义国家的综合国力、是否有利于提高人民的生活水平作为判断一切工作是非得失的标准，紧紧依靠人民群众，制定一系列正确政策，开创、坚持、捍卫、发展了中国特色社会主义，创造了改革开放和社会主义现代化建设的伟大成就。

党的十八大以来，以习近平同志为核心的党中央把坚持人民至上贯穿于治国理政全过程各方面，团结带领人民夺取全面建成小康社会伟大胜利，全面推进强国建设、民族复兴伟业，创造了新时代中国特色社会主义的伟大成就。党坚持以人民为中心的发展思想，以实现好、维护好、发展好最广大人民根本利益为最高标准，人民群众获得感、幸福感、安全感更加充实、更有保障、更可持续；坚持走中国特色社会主义政治发展道路，人民当家作主更为扎实；让人民享有更加充实、更为丰富、更高质量的精神文化生活，中国人民文化自信明显增强；在幼有所育、学有所教、劳有所得、病有所医、老有所养、住有所居、弱有所扶上持续用力，人民生活全方位改善；坚持生态惠民、生态利民、生态为民，不断满足人民日益增长的优美生态环境需要，等等。特别是打赢人类历史上规模最大的脱贫攻坚战，近一亿农村贫困人口实现脱贫，历史性地解决了绝对贫困问题，实现了小康这个中华民族的千年梦想。新时代取得的历史性成就充分证明，前进道路上，无论是风高浪急还是惊涛骇浪，人民永远是我们党最坚实的依托、最强大的底气。

坚持人民至上是新时代党治国理政的根本价值取向

"人民"二字，重若千钧。党的十八大以来，以习近平同志为核心的党中央鲜明提出让人民生活幸福是"国之大者"，不断把人民对美好生活的向往变为现实，团结带领人民谱写了国家富强、民族振兴、人民幸福的壮美华章。

坚持一切为了人民，始终把人民放在心中最高位置。习近平总书记指出，要始终把人民放在心中最高的位置，牢记人民重托，牢记责任重于泰山。一切为了人民、一切依靠人民，始终把人民放在心中最高位置，是新时代党治国理政的鲜明底色。在习近平新时代中国特色社会主义思想的科学体系中，"人民"二字具有基础性、根本性的地位和作用，党的二十大报告明确提出了"六个必须坚持"，其中居于首位的就是"必须坚持人民至上"。无论是"为人民服务，担当起该担当的责任"的执政理念，还是"我将无我，不负人民"的崇高风范，无论是"江山就是人民、人民就是江山"的根本立场，还是"想人民之所想，行人民之所嘱"的使命担当，无不饱含着人民领袖对人民的深厚情感，贯穿着科学理论坚持人民至上的价值追求，映照出百年大党始终服务人民的赤子之心。

坚持紧紧依靠人民，始终把人民拥护和支持作为力量源泉。习近平总书记指出，"中国共产党之所以能够发展壮大，中国特色社会主义之所以能够不断前进，正是因为依靠了人民"，"赢得人民信任，得到人民支持，党就能够克服任何困难，就能够无往而不胜"。党的十八大以来，以习近平同志为核心的党中央紧紧依靠人民，坚持人民主体地位，充分调动人民积极性，把以人民为中心的发展思想体现在经济社会发展各个环节，不断发展全过程人民民主，确保人民依法通过各种途径和形式管理国家事务，管理经济和文化事业，管理社会事务，以主人翁精神满怀热忱地投入到现代化建设中来。尊重人民首创精神，真心拜人民为师，诚心向人民学习，虚心向人民求教，充分尊重人民所表达的意愿、所创造的经验、所拥有的权利、所发挥的作用，珍惜人民给予的权力，用好人民给予的权力，自觉让人民监督权力，紧紧依靠人民创造历史伟业，使我们党的根基永远坚如磐石。

坚持不断造福人民，始终把人民对美好生活的向往作为奋斗目标。习近平总书记强调，"共产党人干事业、创政绩，为的是造福人民"，"我们推动经济社会发展，归根到底是为了不断满足人民群众对美好生活的需要"。进入新时代，我国社会主要矛盾发生变化，人民对美好生活的向往更加强烈。如何更好满足人民的新需求新期待，成为新时代迫切需要解决的时代之问、人民之问。以习近平同志为核心的党中央立足新时代我国社会主要矛盾新变化，明确提出坚持人民至上，始终把人民安居乐业、安危冷暖放在心上，用心用情用力解决群众关心的就业、教育、社保、医疗、住房、养老、食品安全、社会治安等实际问题，着力解决发展不平衡不充分问题和人民群众急难愁盼问题，推动人的全面发展、全体人民共同富裕取得更为明显的实质性进展；要求全党树立正确的权力观、政绩观、事业观，把为民办事、为民造福作为最重要的政绩，把为老百姓办了多少好事实事作为检验政绩的重要标准。

坚持牢牢植根人民，把群众路线贯彻到治国理政全部活动之中。

习近平总书记指出："中国共产党根基在人民、血脉在人民、力量在人民。"我们党要做到长期执政，就必须牢牢植根人民，始终同人民群众想在一起、干在一起、风雨同舟、同甘共苦。党的十八大以来，我们党先后开展一系列集中教育，一个重要目的就是教育引导全党牢记中国共产党是什么、要干什么这个根本问题，始终保持党同人民的血肉联系。新时代以来，以习近平同志为核心的党中央坚持党的群众路线、密切联系群众，要求党员干部真正把自己当作群众的一员、把群众的事当作自己的事；通过提出并贯彻正确的理论和路线方针政策带领人民前进，从人民的实践创造和发展要求中完善政策主张，从群众中寻找解决问题的方案和办法，使作出的决策和决策的执行充分体现民心民意，党的先进性和纯洁性不断增强，党的执政基础和执政地位不断巩固。

坚持人民至上，把中国式现代化宏伟事业不断推向前进

任何一项伟大事业要成功，都必须从人民中找到根基，从人民中集聚力量，由人民共同来完成。以中国式现代化全面推进强国建设、民族复兴伟业，是一项前无古人的开创性事业，前途光明，任重道远。新征程上，我们必须始终坚持人民至上，汇聚蕴藏在人民中的无穷智慧和力量，紧紧依靠人民创造新的历史伟业。

充分激发全体人民的历史主动精神，凝聚强国建设、民族复兴的磅礴力量。中国式现代化是全体中国人民的事业。前进道路上，越是接近实现中华民族伟大复兴的宏伟目标，越是形势复杂，越是任务艰巨，越要充分发挥亿万人民的积极性主动性创造性，不断巩

固发展全国各族人民大团结、海内外中华儿女大团结，凝聚起全面建设社会主义现代化国家的磅礴伟力。要把握新形势下群众工作的特点和规律，走好新时代群众路线，在深入实际、深入群众的躬身实践中，增进群众感情、把准群众脉搏、精准服务群众，满足人民多层次多样化需求，把工作做到人民群众心坎上，使全体人民心往一处想、劲往一处使，确保中国式现代化拥有最可靠、最深厚、最持久的力量源泉。

注重从人民群众的创造中汲取理论创新智慧，不断开辟马克思主义中国化时代化新境界。人民的创造性实践是理论创新的不竭源泉。马克思主义中国化时代化成果，都是党和人民实践经验和集体智慧的结晶。无论是毛泽东思想、中国特色社会主义理论体系，还是习近平新时代中国特色社会主义思想，无不源自人民的智慧、人民的探索、人民的创造。新征程上，继续推进实践基础上的理论创新，必须坚持把马克思主义基本原理同中国具体实际相结合、同中华优秀传统文化相结合，深入探索中国式现代化建设规律，不断回答实践中遇到的崭新课题，着力推进党的创新理论体系化学理化，使之成为指导人民认识世界和改造世界的强大思想武器。必须坚持好、运用好坚持人民至上的立场观点方法，站稳人民立场、把握人民愿望、尊重人民创造、集中人民智慧，注重从人民的创造性实践中总结新鲜经验，上升为理性认识，提炼出新的理论成果，着力让党的创新理论深入亿万人民心中，成为接地气、聚民智、顺民意、得民心的理论。

扎实推进全体人民共同富裕，让现代化建设成果更多更公平惠及全体人民。中国式现代化旨在促进全体人民共同富裕、实现人自由而全面的发展。习近平总书记指出，我们的责任，就是要团结带领全党全国各族人民，继续解放思想，坚持改革开放，不断解放和发展社会生产力，努力解决群众的生产生活困难，坚定不移走共同富裕的道路。新征程上，要把坚持人民至上贯彻到全面建设社会主义现代化国家全过程各方面，坚持以人民为中心的发展思想，统筹推进"五位一体"总体布局、协调推进"四个全面"战略布局，努力实现物质富裕、政治清明、精神富足、社会安定、生态宜人，促进社会公平正义，促进人的全面发展，以更高质量的现代化成果更好满足人民群众对美好生活的新期待，使全体人民朝着共同富裕目标扎实迈进。

深入推进党的自我革命，始终保持同人民群众的血肉联系。全面建设社会主义现代化国家、全面推进中华民族伟大复兴，关键在党。面对新的使命任务和复杂环境，党领导的社会革命迈上新征程，党的自我革命必须展现新气象，全面从严治党更要有新的认识、新的作为。新征程上，我们要落实新时代党的建设总要求，以党的政治建设统领党的建设各项工作，健全全面从严治党体系，全面推进党的自我净化、自我完善、自我革新、自我提高，使我们党坚守初心使命，走在时代前列，始终保持蓬勃生机和旺盛活力。要时刻保持解决大党独有难题的清醒和坚定，以永远在路上的坚韧和执着把党的伟大自我革命进行到底，永葆党的马克思主义政党本色，确保我们党不变质不变色不变味，确保党领导中国式现代化劈波斩浪、行稳致远。

在以中国式现代化全面推进强国建设、民族复兴伟业的新征程上，我们要更加紧密地团结在以习近平同志为核心的党中央周围，始终坚持人民至上，坚持为人民执政、靠人民执政，坚持发展为了人民、发展依靠人民、发展成果由人民共享，坚定不移走全体人民共同富裕道路，奋力夺取中国特色社会主义新的更大胜利。

《求是》2024 年第 7 期

深入理解坚持以人民为中心的发展思想

王伟光

党的十八大以来，以习近平同志为核心的党中央将马克思主义政治经济学基本原理与新时代中国经济发展实践相结合，以强烈的历史主动精神和责任担当敏锐洞察我国经济社会发展新情况新趋势，以满足人民日益增长的美好生活需要为根本目的，围绕新时代中国特色社会主义经济发展重大理论和实践问题，深刻总结并充分运用我国经济发展的成功经验，创造性地提出一系列治国理政新理念新思想新战略，形成和发展了习近平经济思想。习近平经济思想深刻回答了新时代经济发展怎么看、怎么干等重大理论和实践问题，丰富和完善了中国特色社会主义政治经济学理论体系，开拓了当代中国马克思主义政治经济学的新境界。习近平经济思想是马克思主义政治经济学中国化时代化的最新理论成果，是党和国家十分宝贵的精神财富，必须长期坚持、不断丰富发展。

人民性是马克思主义政治经济学最首要的理论品格。习近平总书记强调："人民是我们党执政的最深厚基础和最大底气。为人民谋幸福、为民族谋复兴，这既是我们党领导现代化建设的出发点和落脚点，也是新发展理念的'根'和'魂'。只有坚持以人民为中心的发展思想，坚持发展为了人民、发展依靠人民、发展成果由人民共享，才会有正确的发展观、现代化观。"习近平经济思想坚持人民至上的价值取向，具有鲜明的人民性，其理论体系始终贯穿着一条鲜明的主线，即坚持以人民为中心。只有深入理解坚持以人民为中心这一根本立场，才能更深刻地领会、把握和运用习近平经济思想，深化对中国特色社会主义发展规律的把握，深化对当今世界发展形势和人类社会发展规律的理解，科学回答我国经济社会发展新阶段面临的新情况新问题，更加自觉地依靠人民的磅礴力量发展中国特色社会主义经济，向着全面建成社会主义现代化强国的宏伟目标奋勇前进。

坚持以人民为中心体现了马克思主义政治经济学的根本立场

立场，是人们观察、分析和处理问题的立足点。立场不同，对同一个事物的看法不同，其确立、运用的理论以及战略策略也不同。

经济学作为研究社会经济现象的学说，首先就有一个立场问题。英国古典政治经济学是代表新兴资产阶级利益的理论，率先对资本主义生产方式和生产关系进行研究，初步探讨了资本主义经济的运动规律，但其遮蔽了人的历史性、社会性等，仅仅把人抽象为所谓的"理性经济人"，掩盖了资本主义的剥削本质。它是站在资产阶级的阶级利益立场上，维护资本主义生产方式及社会制度的经济学理论。

坚持以人民为中心，体现了马克思主义政治经济学的根本立场。人民群众是社会物质财富和精神财富的创造者。物质资料生产是一切历史的前提，没有一定的物质资料生产，就不可能有人类历史。马克思主义高度重视人民的历史作用，阐释了人民群众是历史的创造者，是社会变革的决定力量。马克思主义政治经济学从人民的立场出发，深刻揭示资本主义的矛盾和运动规律及其剥削的本质，指出无产阶级和劳动人民是破除资本主义桎梏、发展生产力的革命力量。马克思主义政治经济学从物质资料生产出发，围绕剩余价值的生产、实现和分配，阐发资本主义生产方式必然导致社会两极分化的事实，主张无产阶级将利用自己的政治统治，一步一步地夺取资产阶级的全部资本，把一切生产工具集中在国家即组织成为统治阶级的无产阶级手里，尽可能快地增加生产力的总量，最终实现人自由而全面的发展。

中国共产党一经诞生，就把为中国人民谋幸福、为中华民族谋复兴确立为自己的初心使命，始终坚持共产主义理想和社会主义信念，团结带领全国各族人民为争取民族独立、人民解放和实现国家富强、人民幸福而不懈奋斗，中国人民彻底摆脱了被欺负、被压迫、被奴役的命运，成为国家、社会和自己命运的主人。

社会主义革命和建设时期，我们党坚持从人民立场出发，团结带领广大人民集中力量发展社会生产力，逐步解决人民对于经济文化迅速发展的需要同当前经济文化不能满足人民需要的状况之间的矛盾，建立起独立的比较完整的工业体系和国民经济体系，农业生产条件显著改变。我们党领导人民完成社会主义革命，消灭一切剥削制度，实现了中华民族有史以来最为广泛而深刻的社会变革，实现了一穷二白、人口众多的东方大国大步迈进社会主义社会的伟大飞跃，所取得的独创性理论成果和巨大成就，为在新的历史时期开创中国特色社会主义提供了宝贵经验、理论准备和物质基础。

改革开放和社会主义现代化建设新时期，我们党作出把党和国家工作中心转移到经济建设上来、实行改革开放的历史性决策，确立社会主义初级阶段基本路线，解放和发展社会生产力，着力解决人民日益增长的物质文化需要同落后的社会生产之间的矛盾，取得的伟大成就举世瞩目，我国实现了从生产力相对落后的状况到经济总量跃居世界第二的历史性突破，实现了人民生活从温饱不足到总体小康、奔向全面小康的历史性跨越，推进了中华民族从站起来到富起来的伟大飞跃。

中国特色社会主义进入新时代，我们党继续牢牢扭住经济建设这个中心，集中力量解决人民日益增长的美好生活需要和不平衡不充分的发展之间的矛盾，全面建成小康社会目标如期实现，国家经济实力大幅跃升。在习近平经济思想的科学指引下，我国经济建设取得重大成就，经济发展平衡性、协调性、可持续性明显增强。习近平经济思想蕴含着鲜明的人民立场，是运用马克思主义政治经济学基本原理对新时代中国经济发展实践作出的系统理论概括，形成了当代中国特色社会主义政治经济学的创新成果，为人民过上幸福美好生活奠定了深厚的理论基础。

发展为了人民、发展依靠人民、发展成果由人民共享，这是中国推进改革开放和社会主义现代化建设的根本目的，充分体现了马克思主义政治经济学的根本立场，实现了对马克思主义政治经济学的继承和发展。只有坚持以人民为中心，才能把握人民群众的所思所想、所盼所愿，凝聚人民力量，奋力开创中国特色社会主义新局面。要坚持以习近平经济思想为指引，把人民利益作为党领导经济工作的根本出发点和落脚点，充分发挥人民群众的主体作用，激发人民群众的首创精神，凝聚人民群众的智慧和力量，不断增强人民群众的获得感、幸福感、安全感，着力促进全体人民共同富裕，推动党和国家各项事业的发展。

坚持以人民为中心是中国共产党的根本执政理念

坚持以人民为中心是我们党的根本执政理念，是新时代坚持和发展中国特色社会主义的一条基本方略。坚持以人民为中心的发展思想，贯穿于党团结带领人民进行革命、建设和改革的整个进程之中。党的百年奋斗史就是一部党始终站在最广大人民的立场上、全心全意为人民服务、创造人民美好生活的发展历史。

始终坚持人民立场是中国共产党的优良历史传统。以毛泽东同志为主要代表的中国共产党人，将马克思主义基本原理同中国具体实际相结合，重视对马克思主义政治经济学的学习、研究、运用，在新民主主义革命时期创造性地提出了新民主主义经济纲领，把关心群众生活、解决群众切身利益要求落实到夺取革命战争胜利和革命根据地建设全过程。在革命战争年代，我们党坚持走群众路线，密切联系群众，把全心全意为人民服务作为自己的宗旨，把群众利益放在第一位，与群众同甘共苦，从而赢得了一个又一个胜利。新中国成立后，我们党继承和发扬坚持走群众路线的光荣传统和政治优势，团结带领人民集中力量恢复国民经济，建立社会主义制度，实现人民当家作主。在社会主义建设实践中，强调社会主义经济是为人民服务的经济，发展生产和改善人民生活二者必须兼顾。通过凝聚最广大人民群众的主体力量，为中国特色社会主义创立和发展打下了雄厚的基础。

以邓小平同志为主要代表的中国共产党人，把马克思主义政治经济学基本原理同改革开放新的实践结合起来，立足社会主义初级阶段这个最大的实际，坚定地站在人民的立场上，围绕什么是社会主义、怎样建设社会主义这一问题，作出把党和国家工作中心转移到经济建设上来、实行改革开放的历史性决策。邓小平同志提出了"贫穷不是社会主义""社会主义的本质，是解放生产力，发展生产力，消灭剥削，消除两极分化，最终达到共同富裕""社会主义最大的优越性就是共同富裕"等论断，强调群众是我们力量的源泉，群众路线和群众观点是我们的传家宝。我们党以是否有利于发展社会主义社会的生产力、是否有利于增强社会主义国家的综合国力、是否有利于提高人民的生活水平为判断标准，判断各方面工作的是非得失，凝聚人民群众的力量，最大限度地解放了社会生产力。

以江泽民同志为主要代表的中国共产党人，强调我们党要始终代表中国最广大人民的根本利益，始终坚持党的群众路线，一切为了群众，一切依靠群众，从群众中来，到群众中去，把保障工人阶级和广大劳动群众的经济、政治和文化权益作为党和国家一切工作的根本基点。

以胡锦涛同志为主要代表的中国共产党人，在全面建设小康社会进程中推进实践创新、理论创新、制度创新，提出以人为本的科学发展观，强调建设中国特色社会主义的根本目的，就是不断实现好、维护好、发展好最广大人民的根本利益，党的一切奋斗和工作都是为了造福人民，要做到发展为了人民、发展依靠人民、发展成果由人民共享。

党的十八大以来，面对复杂多变的国内外形势，以习近平同志为核心的党中央坚持将马克思主义政治经济学基本原理与新时代中国经济发展实际相结合，坚持人民至上的价值追求，坚持人民立场，坚持人民主体地位，以伟大的历史主动精神，总揽全局、勇挑重担，彰显了中国共产党人为中国人民谋幸福、为中华民族谋复兴的初心使命。习近平总书记强调，我们党来自于人民，党的根基和血脉在人民。为人民而生，因人民而兴，始终同人民在一起，为人民利益而奋斗，是我们党立党兴党强党的根本出发点和落脚点。人民是决定党和国家前途命运的根本力量。以习近平同志为核心的党中央始终坚持以人民为中心的发展思想，把人民对美好生活的向往作为奋斗目标，把人民利益放在最高位置，把解决好人民群众最关心、最直接、最现实的利益问题作为重中之重，把人民拥护不拥护、赞成不赞成、高兴不高兴、答应不答应作为衡量一切工作得失的根本标准，战胜各种困难挑战，促进人的全面发展和全体人民共同富裕，推动国家经济实力、科技实力、综合国力跃上新台阶，书写了新时代中国特色社会主义经济发展的崭新篇章。

一百多年来,我们党始终坚持以人民为中心,党的一切工作都是为了实现好、维护好、发展好最广大人民根本利益。从党的百年奋斗中可以看清楚过去我们为什么能够成功,可以弄明白未来我们如何继续成功,从而更加坚定和自觉地践行坚持以人民为中心的发展思想,不断满足人民群众对美好生活的需要。

把以人民为中心落实到现代化建设的伟大实践中

当前,我们正在意气风发向着全面建成社会主义现代化强国的第二个百年奋斗目标迈进。做好新时代经济工作要以习近平经济思想为根本遵循,始终坚持以人民为中心的发展思想,并落实到党治国理政的伟大实践中,紧紧依靠人民,充分发挥人民群众的主动性、积极性和创造性,在全面建设社会主义现代化国家新征程上创造经济社会发展的新辉煌。

始终把人民放在心中最高位置。人民是我们党的工作的最高裁决者和最终评判者。在经济工作中,一定要把人民利益放在最高位置,始终站在人民的立场认识、分析和解决经济发展问题,及时回应人民期待和关心的经济问题。一些西方资本主义国家在发展进程中陷入经济危机,归根到底在于其放任资本剥削劳动者,维护少数人利益,造成两极分化,引发社会矛盾和动荡。中国共产党为人民而生、因人民而兴,没有自己特殊的利益,从来不代表任何利益集团、任何权势团体、任何特权阶层的利益,始终代表最广大人民的根本利益,坚持全心全意为人民服务的根本宗旨,始终同人民想在一起、干在一起，为人民创造更为富足的物质生活和更加丰富的精神文化生活。

始终坚持发展为了人民。时刻牢记"国之大者"，深刻认识我国社会主要矛盾变化带来的新特征新要求，深刻理解人民群众美好生活需要与高质量发展之间的内在关系，坚定不移走高质量发展之路。将经济发展目标同满足人民日益增长的美好生活需要紧密结合起来，持续提高发展质量和效益，坚持在发展中保障和改善民生，不断满足人民多方面、多层次、多样化、个性化的需求。统筹考虑最广大人民的根本利益，处理好局部和全局、当前和长远、重点和非重点的关系，着重化解人民群众急难愁盼的现实问题，重点关注人民普遍关心的就业、教育、医疗、托育、住房、养老等民生领域突出问题，切实办好惠民实事，加强普惠性、基础性、兜底性民生建设，健全基本公共服务体系，提升公共服务水平，逐步实现人民物质上的富裕富足、精神上的自信自强。

始终坚持发展依靠人民。人民是历史的创造者，是推动改革发展实践的根本动力。党的根基在人民、血脉在人民、力量在人民，人民是党执政兴国的最大底气。依靠人民而发展，发展才有动力。中国共产党之所以能够发展壮大，中国特色社会主义之所以能够不断前进，正是因为我们始终坚持依靠人民。新时代新征程，必须坚持从群众中来、到群众中去，坚持人民主体地位，把握人民愿望，尊重人民的首创精神，激发全体人民群众的积极性、主动性、创造性，形成推动高质量发展的磅礴伟力。人民群众中蕴含着丰富的智慧和无限的创造力，要大兴调查研究之风，坚持问政于民、问计于民、问需于民，想人民之所想，行人民之所嘱，尊重人民所表达的意愿、所创造的经验、所拥有的权利、所发挥的作用，始终与人民心心相印、与人民同甘共苦、与人民团结奋斗，把人民的满意度作为衡量工作成效的标尺，汇聚亿万人民推动经济发展的强大合力。要依靠广大人民，完整准确完整准确全面贯彻新发展理念，加快构建新发展格局，扎实推动高质量发展，实现高质量发展和高品质生活互促共进，使全体人民满腔热情地投身到建设社会主义现代化强国的实践中去。

始终坚持发展成果由人民共享。让发展成果更多更公平惠及全体人民，彰显了中国共产党始终坚持人民至上的价值追求。新时代新征程，我们要始终把满足人民对美好生活的新期待作为发展的出发点和落脚点，着力解决发展不平衡不充分问题和人民群众急难愁盼问题，促进社会公平正义，推动人的全面发展、全体人民共同富裕取得更为明显的实质性进展。当前，我国仍处于并将长期处于社会主义初级阶段，经济建设仍然是全党的中心工作。一方面，要紧紧抓住经济建设这个中心，通过全国人民共同奋斗把"蛋糕"做大做好，为保障社会公平正义奠定更加坚实的物质基础，让一切创造社会财富的源泉充分涌流。要全面深化改革开放，鼓励勤劳创新致富，不断优化经济结构，着力推动经济高质量发展，持续解放和发展社会生产力。另一方面，以经济建设为中心并不意味着片面关注经济增长和财富积累，而是要坚持以人民为中心，在高质量发展中促进共同富裕，正确处理效率和公平的关系，构建初次分配、再分配、第三次分配协调配套的制度体系，加快健全以税收、社会保障、转移支付等为主要手段的再分配调节机制，着力解决地区差距、城乡差距、收入差距等问题，构建公平公正、共建共享的包容性发展新机制，坚持全民共享、全面共享、共建共享、渐进共享，使发展成果更多更公平惠及全体人民。

在全面建设社会主义现代化国家新征程上，我们要坚持以人民为中心的发展思想，坚定不移走中国式现代化道路，超越西方以资本为中心的现代化道路，创造人类文明新形态，让发展成果由全体人民共享，最终实现全体人民共同富裕，为破解当今世界发展难题贡献中国方案和中国智慧。

以人民为中心的发展思想，不是一个抽象、玄奥的概念，不能只停留在口头上、止步于思想环节，而要体现在经济社会发展各个环节，不断实现好、维护好、发展好最广大人民根本利益。要坚持统筹推进"五位一体"总体布局、协调推进"四个全面"战略布局，落实惠民政策，办好民生实事，让人民真正受益，不断把为人民造福事业推向前进。

《经济日报》2023 年 11 月 21 日第 1 版

把提高人民生活品质
摆在为民造福突出位置

褚松燕

党的二十大报告提出，增进民生福祉，提高人民生活品质。这体现了以习近平同志为核心的党中央在把握共产党执政规律、社会主义建设规律、人类社会发展规律的基础上，坚定历史自信，增强历史主动，以人民至上的情怀、接续奋斗的战略目标和环环相扣的工作部署，实现中华民族伟大复兴进入了不可逆转的历史进程。新时代新征程，我们要把提高人民生活品质摆在为民造福突出位置，不断实现人民对美好生活的向往，为扎实推进共同富裕打下坚实的物质基础。

从提高"生活水平"到提高"生活品质"体现了党的民生事业重心质的飞跃

党的民生事业重心的转变与不同时期党对社会主要矛盾的战略

判断紧密相连。1981年，党的十一届六中全会指出，"我国所要解决的主要矛盾，是人民日益增长的物质文化需要同落后的社会生产之间的矛盾"。自此，不断提高人民"生活水平""生活质量"就成为满足人民日益增长的物质文化需要的直接要求和表现。到2012年，我国人民生活水平、居民收入水平、社会保障水平迈上一个大台阶，党的十八大报告将"人民生活水平全面提高"作为全面建成小康社会和全面深化改革开放的目标之一，并强调必须以保障和改善民生为重点，提高人民物质文化生活水平。人民日益增长的物质文化需要已经开始转向更为综合的美好生活期待，习近平总书记在十八届中央政治局常委同中外记者见面时就明确宣示，"人民对美好生活的向往，就是我们的奋斗目标"。2015年，党的十八届五中全会进一步把"人民生活水平和质量普遍提高"作为全面建成小康社会新的目标要求之一。2017年，党的十九大指出，"中国特色社会主义进入新时代，我国社会主要矛盾已经转化为人民日益增长的美好生活需要和不平衡不充分的发展之间的矛盾""人民美好生活需要日益广泛，不仅对物质文化生活提出了更高要求，而且在民主、法治、公平、正义、安全、环境等方面的要求日益增长"。从此，不断提高人民"生活水平"，开始从党的民生事业全局重心转变为民生福祉的基础部分。2018年4月23日，习近平总书记在主持十九届中央政治局第五次集体学习时提出，"要着眼于满足人民日益增长的美好生活需要，贯彻新发展理念，着力解决发展不平衡不充分的问题，提高发展质量，不断提高人民生活品质、生活品位，让发展成果更多更公平惠及全体人民""不断朝着全体人民共同富裕迈进"。提高"生活品质"作为与提高发展质量齐头并进的任务被提上了日程。2020年党的十九届五中全会把"改善人民生活品质，提高社会建设水平"列入《中共中央关于制定国民经济和社会发展第十四个五年规划和二〇三五年远景目标的建议》。2021 年 2 月 26 日，习近平总书记在主持十九届中央政治局第二十八次集体学习时进一步明确，"要树立战略眼光，顺应人民对高品质生活的期待"。

党的二十大报告指出，新时代 10 年来，"我们深入贯彻以人民为中心的发展思想，在幼有所育、学有所教、劳有所得、病有所医、老有所养、住有所居、弱有所扶上持续用力，人民生活全方位改善"。党的民生事业锚定了新征程开局 5 年的战略目标，即"增进民生福祉，提高人民生活品质"。"生活品质"正式取代"生活水平"，成为党的民生事业的重心。相较而言，"生活水平"作为人民的物质文化需要满足情况的概念，是可见可触摸可量化的客观指标能够反映的，而"生活品质"作为美好生活需要的统领性概念的具象化，在能够用客观指标衡量的物质文化生活水平基础上，更加强调人民群众的主观感受和价值评价。人民生活的"品质"取代"水平"，体现了党的民生事业重心质的飞跃，体现了党始终不忘初心、牢记使命，坚持以人民为中心的发展思想，始终把实现人民对美好生活的向往作为现代化建设的出发点和落脚点。

提高人民生活品质，就要从物质富足、精神富有等层面不断实现人民对美好生活的向往，促进人的全面发展

改革开放以来，人民生活水平不断提高的过程是与第一个百年奋斗目标即到中国共产党成立 100 年时全面建成小康社会这一历史任务紧密联系在一起的。在这个过程中，特别是党的十八大以来，党团结带领全国各族人民持续用力、共同奋斗，针对民生领域的薄弱环节，采取一系列战略性举措，推进一系列变革性实践，实现一系列突破性进展，取得了一系列标志性成果，人民生活全方位改善。2015 年 2 月，习近平总书记在中央全面深化改革领导小组第十次会议上强调，要把改革方案的含金量充分展示出来，让人民群众有更多获得感；在党的十九大报告中，习近平总书记强调，使人民获得感、幸福感、安全感更加充实、更有保障、更可持续。"获得感、幸福感、安全感"构成了人民美好生活需要的主观感受维度，成为党提升民生事业建设质量的着力点。

从党的十九大到党的二十大，是"两个一百年"奋斗目标的历史交汇期，以习近平同志为核心的党中央一步步明确把提高人民生活品质作为党的民生事业的重心，就是对人民美好生活需要的有效回应。2020 年 10 月 29 日，习近平总书记在党的十九届五中全会第二次全体会议上指出，"经过几代人接续奋斗，我们即将全面建成小康社会、完成脱贫攻坚任务、实现第一个百年奋斗目标，从明年起将开始向第二个百年奋斗目标进军""我国长期所处的短缺经济和供给不足的状况已经发生根本性改变"。全面建成小康社会，既意味着党的民生事业取得了历史性成就，也意味着党的民生事业有了进一步提升质量的基础。提高人民生活品质由此开始成为党的民生事业的战略重心，成为党在新征程上统领满足"人民对美好生活的向往"的民生工作抓手，成为党在新征程上促进人的全面发展和全体人民共同富裕的新路径。

提高人民生活品质，是党对新时代人民美好生活需要的多样化多层次多方面特点的回应，既包括厚植现代化的物质基础，使人民能够享受到诸如人均可支配收入、住房面积、受教育年限、基本公共服务等可以用数字、数量、布局呈现出来的客观生活水平；也包括大力发展社会主义先进文化，加强理想信念教育，传承中华文明，使人民在享受民生建设成果过程中不断增强获得感、幸福感和安全感等幸福安康的主观生活感受。客观生活水平和主观生活感受两者相辅相成，共同构成完整意义上的人民生活品质。在新时代新征程上，我们发展以提高人民生活品质为重心的民生事业，就要把高质量发展作为全面建设社会主义现代化国家的首要任务来推进，进一步夯实人民幸福生活的物质条件，以社会主义核心价值观为引领，发展社会主义先进文化，弘扬革命文化，传承中华优秀传统文化，进一步丰富人民幸福生活的精神家园，提高全社会文明程度，增强人民精神力量。

提高人民生活品质，就要坚持在发展中保障和改善民生，提升民生建设质量，在共同奋斗中创造美好生活，促进社会全面进步

全党全国各族人民已经迈上全面建设社会主义现代化国家新征程，向第二个百年奋斗目标进军。以习近平同志为核心的党中央把握历史主动，始终坚持以人民为中心的发展思想，站在全面建成社会主义现代化强国"两步走"总的战略安排高度谋划民生事业发展，对新征程开局起步的 5 年设定具体目标，既从感受层面强调人民生活更加幸福美好的主观指标进步空间，又从增长层面强调居民收入、基本公共服务均等化水平、多层次社会保障体系等客观指标进步空间，抓发展与惠民生并举，形成高质量发展与高品质生活的相互促进。

坚持在发展中保障和改善民生，就是要牢牢把握发展是党执政兴国的第一要务，让发展成果更多更公平地惠及全体人民。这就要求我们完整、准确、全面贯彻新发展理念，加快构建新发展格局，着力推动高质量发展，为人民的美好生活需要提供更为强大的物质基础，实现好、维护好、发展好最广大人民根本利益；紧紧抓住人民最关心最直接最现实的利益问题，尽力而为、量力而行，根据经济发展和财政收入状况，既突出重点，又循序渐进，以更优质的公共服务扎实办好各领域民生实事，为人民的美好生活需要提供更为稳定的心理基础，让人民群众对更好的教育、更稳定的工作、更满意的收入、更可靠的社会保障、更高水平的医疗卫生服务、更舒适的居住条件、更优美的环境、更丰富的精神文化生活等期盼不断得到满足。

坚持在共同奋斗中创造美好生活，就是要在制度、机制、保障等层面形成团结奋斗的社会活力，着力促进全体人民共同富裕，促进社会进步。这就要求我们完善基础性制度，鼓励勤劳致富，促进机会公平，形成共同奋斗的制度激励；以深化民生领域改革来破除体制和政策弊端，使人人都有通过勤奋劳动实现自身发展的机会，形成共同奋斗的社会氛围；以健全社会保障体系来进一步织牢人民生活的安全网和社会运行的稳定器，形成共同奋斗的心理支持；以推进健康中国建设，夯实共同奋斗的共同体基础。我们要深入群众、深入基层，以扎扎实实的调查研究来健全制度、完善机制、强化落实，形成高效运转的民生链，以实实在在的惠民生、暖民心举措，把群众大大小小的事办好，让群众看到变化、得到实惠、尝到幸福。

为民造福是立党为公、执政为民的本质要求。正如习近平总书记所指出的，人民幸福安康是推动高质量发展的最终目的。增进民生福祉，只有比较级，没有最高级；提高人民生活品质，只有进行时，没有完成时。我们要在党的全面领导下，把提高人民生活品质摆在为民造福突出位置，在物质富足、精神富有上下功夫，以民生建设调整社会结构、调动社会活力、调节社会韧性，促进社会全面进步，为全面建设社会主义现代化国家、全面推进中华民族伟大复兴提供磅礴的前进动力。

《学习时报》2023 年 5 月 5 日第 1 版

让人民过上更好的日子

学习时报编辑部

为人民而生，因人民而兴，始终同人民在一起，为人民利益而奋斗，是我们党立党兴党强党的根本出发点和落脚点。习近平总书记指出："我们的目标很宏伟，也很朴素，归根到底就是让老百姓过上更好的日子。"百年大党史诗一般的奋斗，书写在物阜民丰、万家灯火里，书写在每个中国人的生活之中。"让老百姓过上更好的日子"是对中国共产党"全心全意为人民服务"这一根本宗旨的朴素表达，是新时代"人民至上""以人民为中心"的生动实践，也是对党一百多年来奋斗历程和实践经验的深刻总结。党的十八大以来，以习近平同志为核心的党中央把让人民过上更加美好的生活作为治国理政的头等大事，始终秉持"民之所忧，我必念之；民之所盼，我必行之"的理念，为增进民生福祉行之笃之，人民对美好生活的向往不断变为现实，生动彰显了中国共产党始终为了人民、造福人民的奋斗目标和价值追求。

为人民谋幸福是中国共产党始终不变的初心使命

人民性是马克思主义最鲜明的品格。如果说，"为人类福利而劳动"是马克思作出的职业选择和人生选择，那么中国共产党人正是以马克思为精神坐标，立下"始终要把人民放在心中最高的位置"的誓言，并且转化成"为人民谋幸福"的行动。作为马克思主义政党的中国共产党，自诞生之日起就把"人民"二字铭刻在心，把坚持人民利益高于一切鲜明地写在旗帜上，始终把为中国人民谋幸福、为中华民族谋复兴作为自己的初心和使命，并一以贯之体现到党的全部奋斗之中。

鸦片战争以后，中国逐步沦为半殖民地半封建社会，山河破碎、生灵涂炭，中华民族遭受了前所未有的苦难，中国人民处于水深火热的悲惨境地。在"救国于水火、解民于倒悬"的迫切需要下，中国共产党应运而生。中国人民谋求民族独立、人民解放和国家富强、人民幸福的斗争从此有了主心骨。

"一切群众的实际生活问题，都是我们应当注意的问题。"毛泽东同志在第二次全国工农兵代表大会上鲜明提出，要"解决群众的穿衣问题，吃饭问题，住房问题，柴米油盐问题，疾病卫生问题，婚姻问题"。毛泽东同志在党的七大上明确提出："我们应该谦虚，谨慎，戒骄，戒躁，全心全意地为中国人民服务"。我们党将"全心全意为人民服务"写入党章、确立为党的根本宗旨，成为每一个共产党人的行为准则和战胜一切敌人的重要法宝。

新中国成立初期，我们的国家从一个一穷二白的旧中国脱胎而来，积贫积弱、满目疮痍，人们所思所盼的是如何解决温饱，梦寐以求的是拥有自行车、缝纫机、手表、收音机"三转一响","楼上楼下，电灯电话"就是人们对未来生活的真切向往。毛泽东同志在视察九江工农业生产时指出："共产党从接管国民党政权的第一天起，就把眼睛盯住生产建设，不遗余力地抓好这一个中心工作。要让历史证明，我们不仅能够领导好革命战争，而且也一定能够领导好和平时期的经济建设，让全国人民过上好日子。"

党的八大根据我国社会主义改造基本完成后的形势，提出国内主要矛盾已经不再是工人阶级和资产阶级的矛盾，而是人民对于经济文化迅速发展的需要同当前经济文化不能满足人民需要的状况之间的矛盾，全国人民的主要任务是集中力量发展社会生产力，实现国家工业化，逐步满足人民日益增长的物质和文化需要。党提出努力把我国逐步建设成为一个具有现代农业、现代工业、现代国防和现代科学技术的社会主义强国，领导人民开展全面的大规模的社会主义建设。

我国经济得到进一步恢复和发展，市场供应得到改善，财政收支趋于平衡，人民生活水平得到了较为稳定的提高。从1949年到1978年的近30年间，中国共产党从"一辆汽车、一架飞机、一辆坦克、一辆拖拉机都不能造"起步，带领和团结全国各族人民初步解决了占世界1/4人口的中国人吃饭、穿衣等基本生活需要问题，实现了一穷二白、人口众多的东方大国大步迈进社会主义社会的伟大飞跃。

党的十一届三中全会后，邓小平同志从国情出发提出，"在中国建立一个小康社会。这个小康社会，叫做中国式的现代化"，并对现代化建设作出"三步走"的战略安排。"小康",这一饱含深厚文化底蕴、富有鲜明中国特色的美好愿景,由此成为现代化进程中的醒目路标。邓小平同志提出了衡量改革开放一切工作是非得失的判断标准,即"三个有利于",其中,"是否有利于提高人民的生活水平"是一项重要标准。从"小康之家"到"小康社会",从"总体小康"到"全面小康",从"年人均800美元"到"生活更加殷实"再到"富裕程度普遍提高",体现了人民生活步步攀登的积极状态,也从侧面反映我们党所确定的小康社会目标在不同的时段有着不同的风景和不同的内涵。

乘着改革开放的东风,以家庭联产承包责任制为主要内容的农村改革逐步开启,城市劳动者自主就业、扩大企业自主权、设立经济特区等政策实施。1978年至2012年,我国的改革开放和社会主义现代化建设取得举世瞩目的巨大成就,中国经济年均增长9.8%,相当于同期世界经济年均增速的3倍多。中国大踏步赶上了时代,人民日子日渐红火、口袋日趋殷实、生活日益改善。

人民对美好生活的向往是中国共产党矢志不渝的奋斗目标

"共产党就是给人民办事的,就是要让人民的生活一天天好起来,一年比一年过得好。"从2012年在十八届中央政治局常委同中外记者见面时谈到"人民对美好生活的向往,就是我们的奋斗目标",到2022年在二十届中央政治局常委同中外记者见面时强调"我们要始终与人民风雨同舟、与人民心心相印,想人民之所想，行人民之所嘱，不断把人民对美好生活的向往变为现实"，习近平总书记的庄严承诺展现了我们党一以贯之的人民情怀，开启了新时代为人民谋幸福、为人民创造美好生活的新征程，民族复兴的中国梦和老百姓的幸福梦交相辉映，治国理政和民生福祉同频共振。我们党坚持把为民办事、为民造福作为最重要的政绩，锚定更好的教育、更稳定的工作、更满意的收入、更可靠的社会保障、更高水平的医疗卫生服务、更舒适的居住条件、更优美的环境、更高质量的精神文化生活等美好生活向往，持续发力、久久为功，努力为人民创造更美好、更幸福的生活。

"教育是提高人民综合素质、促进人的全面发展的重要途径，是民族振兴、社会进步的重要基石，是对中华民族伟大复兴具有决定性意义的事业。"致力于加快建设教育强国、办好人民满意的教育，坚持以人民为中心发展教育，把立德树人作为根本任务，不断促进教育发展成果更多更公平惠及全体人民，以教育公平促进社会公平正义。我国教育面貌发生格局性变化，有力促进了学生健康成长、全面发展。从教育总体规模和水平来看，我国已建成世界上规模最大的教育体系，教育现代化发展总体水平跨入世界中上国家行列。从教育普及程度来看，各级教育普及程度达到或超过中高收入国家平均水平，一个服务14亿多人口，面向每个人、适合每个人、更加开放灵活的教育体系日渐完善。从教育服务高质量发展的能力来看，2023年，接受高等教育人口超2.4亿，新增劳动力平均受教育年限达14年，助力劳动力素质结构发生重大变化。

"就业是最大的民生工程、民心工程、根基工程"，"就业是最基本的民生"。为了巩固民生之本，实现更高质量和更充分就业，在坚定实施就业优先战略以及更加积极的就业政策的过程中，更加突出体现以人民为中心的发展思想，通过全面强化稳就业举措，突出做好高校毕业生、退役军人、农民工、城镇困难人员等重点群体就业工作。党的十八大以来，城镇就业规模持续扩大，新增就业年均超过1300万人。劳动者权益得到有效维护，劳动关系总体保持和谐稳定，全方位公共就业服务体系建设持续推进。

"我们追求的发展是造福人民的发展，我们追求的富裕是全体人民共同富裕"。坚持发展为了人民、发展依靠人民、发展成果由人民共享，作出更有效的制度安排，使全体人民朝着共同富裕方向稳步前进，绝不能出现"富者累巨万，而贫者食糟糠"的现象。2021年，我们打赢人类历史上规模最大的脱贫攻坚战，14亿多人实现全面小康生活，"民亦劳止，汔可小康"的千年梦想在社会主义中国照进现实。居民收入较快增长，收入结构不断改善，收入分配格局不断优化，居民收入差距持续缩小，全国居民人均可支配收入从2012年的16510元提高到2023年的39218元，形成了超4亿人的中等收入群体。居民消费水平持续提高，消费结构不断优化升级，按联合国的标准，我国人民生活已经进入相对殷实富足阶段。

"社会保障是保障和改善民生、维护社会公平、增进人民福祉的基本制度保障"。坚持应保尽保原则，按照兜底线、织密网、建机制的要求，全面建成覆盖全民、城乡统筹、权责清晰、保障适度、可持续的多层次社会保障体系。从中央到省、市、县、乡镇（街道），统筹城乡的五级社保经办管理服务网络基本形成，多层次、多支柱养老保险体系进一步健全，失业保险和工伤保险制度功能更加完善。深入实施全民参保计划，基本养老、失业、工伤保险参保人数分别从 2012 年的 7.9 亿人、1.5 亿人、1.9 亿人升至 2023 年底的 10.66 亿人、2.44 亿人、3.02 亿人，人民群众的基本生活和多样化需求得到了更加可靠的保障。

"没有全民健康，就没有全面小康""把人民健康放在优先发展战略地位，努力全方位全周期保障人民健康"。面对人民群众多层次多样化健康需求的持续快速增长，坚持把人民健康放在优先发展的战略地位，以普及健康生活、优化健康服务、完善健康保障、建设健康环境、发展健康产业为重点，加快推进健康中国建设，努力全方位、全周期保障人民健康。从健全基本医疗保障制度到完善医疗卫生服务体系，人民群众"看病难、看病贵"问题加速破解，更多群众急需药品纳入医保报销范围。公共卫生防护网筑牢织密，传染病、慢性病、职业病、地方病防控更有效有力。全国基本医疗保险参保人数约 13.34 亿人，主要健康指标居于中高收入国家前列。

"房子是用来住的、不是用来炒的"。聚焦解决好让全体人民住有所居的突出问题，我国加快建立多主体供给、多渠道保障、租购并举的住房制度，住房供应规模持续增加，居民住房条件显著改善，建成世界上最大住房保障体系。第七次全国人口普查数据显示，我国城市、镇、乡村家庭户人均住房建筑面积分别达到 36.52 平方米、42.29 平方米、46.80 平方米。截至 2023 年，累计建设各类保障性住房和棚改安置住房 6400 多万套，低保、低收入住房困难家庭基本实现应保尽保，1.5 亿多群众喜圆安居梦。改造农村危房 2400 多万户，历史性解决了农村贫困群众的住房安全问题。

"良好生态环境是最公平的公共产品，是最普惠的民生福祉""生态环境保护是功在当代、利在千秋的事业"。为了青山常在、绿水长流、空气常新，持续深入打好污染防治攻坚战，加快推动发展方式绿色低碳转型，着力提升生态系统多样性、稳定性、持续性，积极稳妥推进碳达峰碳中和，美丽中国建设迈出重大步伐。一座座山越来越绿了，截至 2022 年，全国森林覆盖率增至 24.02%，提升了 2.39 个百分点；一条条河流、一个个湖泊变了模样，全国地表水水质优良断面比例持续提高，2023 年水质优良断面比例升至 89.4%；蓝天一年比一年多起来，截至 2022 年，全国重点城市 PM2.5 平均浓度下降超 50%，我国成为全球改善空气质量速度最快的国家。

"满足人民过上美好生活的新期待，必须提供丰富的精神食粮""让人民享有更加充实、更为丰富、更高质量的精神文化生活"。我国加快构建覆盖城乡、便捷高效、保基本、促公平的现代公共文化服务体系。如今，县县有图书馆文化馆、乡乡有综合文化站，覆盖城乡的公共文化服务设施网络初步形成，"到图书馆阅览学习""到文化馆听课学艺""到美术馆看展打卡"越来越成为一种生活习惯、成为年轻人钟爱的新风尚。从颁布实施公共文化服务保障法、公共图书馆法、博物馆条例等法律法规，到制定出台国家基本公共服务标准，再到稳步推进公共文化服务均等化建设……人民基本文化权益的保障更加有力，广大群众的精神文化生活更加充实、丰富、高质量。

让人民生活得更加美好是进一步全面深化改革的出发点和落脚点

治国有常，利民为本。经过长期不懈的努力，中国人民的生活犹如芝麻开花节节高，实现了从温饱不足到总体小康，再到全面小康的历史性跨越。现在，我们踏上了全面建设社会主义现代化国家新征程，人民对美好生活有了更高的期待和憧憬。习近平总书记强调："我们推进改革的根本目的，是要让国家变得更加富强、让社会变得更加公平正义、让人民生活得更加美好。"

新时代新征程，我国已转向高质量发展阶段，继续发展具有多方面优势和条件，但发展不平衡不充分问题仍然突出，改革已进入攻坚期和深水区，又到了一个新的历史关头。回首过去，我们用改革的办法解决了党和国家事业发展中的一系列问题；面对未来，破解发展面临的各种难题、化解来自各方的风险挑战，我们要继续用改革的方法促进社会公平正义、增进人民福祉，顺应民心、尊重民意、关注民情、致力民生，让现代化建设成果更多更公平惠及全体人民。

改革既是党的主张，亦是人民的要求、人民的呼声。改革之所以得到广大人民群众衷心拥护和积极参与，最根本的原因在于我们一开始就使改革事业深深扎根于人民群众之中，与人民群众的利益紧紧联系在一起。习近平总书记强调，"推进任何一项重大改革，都要站在人民立场上把握和处理好涉及改革的重大问题，都要从人民利益出发谋划改革思路、制定改革举措"。进一步全面深化改革是利益增进和利益调整并存，这需要我们算好改革的利益账，通盘评估改革实施前、实施中、实施后的利益变化，始终把群众利益放在第一位，统筹各方面各层次利益关系，善于算大账、总账、长远账，让人民呼声与改革脉搏共振，使改革成果更多更公平惠及全体人民。在改革进程中葆有对群众的真挚感情，看到他们心中的改革图景，才能让改革行动始终与人民心声相激荡。这是我们党正确把握社会发展动力和社会发展规律、坚持以人民为中心的价值取向在全面深化改革中的充分体现。

"为了人民而改革，改革才有意义；依靠人民而改革，改革才有动力。"人民是历史的创造者，是改革事业的真正"主角"。改革开放在认识和实践上的每一次突破和深化，改革开放中每一个新生事物的产生和发展，改革开放每一个领域和环节经验的创造和积累，无不来自亿万人民的智慧和实践。没有人民支持和参与，任何改革都不可能取得成功。全面深化改革不能把群众当"看客"，而是要充分调动其积极性主动性创造性，引导群众共同为改革想招、一起为改革发力。进一步全面深化改革要坚持问计于民、问需于民，注重从就业、增收、入学、就医、住房、办事、托幼养老以及生命财产安全等老百姓急难愁盼中找准改革的发力点和突破口，广泛听取群众意见和建议，及时总结群众创造的新鲜经验，为各行业各方面的劳动者、企业家、创新人才、领导干部提供发挥作用的舞台和环境，把广大人民的智慧和力量凝聚到改革上来，同人民一道把改革推向前进。

习近平总书记强调，"把以人民为中心的发展思想体现在经济社会发展各个环节，做到老百姓关心什么、期盼什么，改革就要抓住什么、推进什么，通过改革给人民群众带来更多获得感"。改革工程千头万绪，平均用力、全面作战不现实也不可能。找到突破口，以点带面，能够起到事半功倍的效果。从人民群众最期盼的领域改起，从制约经济社会发展最突出的问题改起，紧扣经济社会发展的矛盾焦点，用人民认可不认可、赞成不赞成来导航改革进程。注重宏观推进与微观落点的互动交融，更加聚焦人民群众普遍关心关注的民生问题，采取更多惠民生、暖民心举措，补齐民生保障短板，全力做好普惠性、基础性、兜底性民生建设，用心用情用力保障和改善民生，筑牢民生保障的温暖底线。

最坚实的根基在于人民，最伟大的成就属于人民，最深厚的力量源于人民。在党的二十届三中全会即将召开之际，我们党明确提出进一步全面深化改革要总结和运用改革开放以来特别是新时代全面深化改革的宝贵经验并贯彻六项原则，强调要坚持以人民为中心，尊重人民主体地位和首创精神，坚持人民有所呼、改革有所应，做到改革为了人民、改革依靠人民、改革成果由人民共享。无论改革的领域拓展到哪里，只要毫不动摇坚持以人民为中心，把为人民谋幸福作为检验改革开放成效的标尺，紧紧依靠人民，虚心听取人民心声诉求，不断满足人民日益增长的美好生活需要，让改革成果更好惠及广大人民群众，改革就能更深入、更广泛地扎根人民，就能始终赢得民心、赢得未来，就能从人民中汲取更多智慧、更大力量，从而不断为实现中华民族伟大复兴开辟通途。

《学习时报》2024 年 7 月 1 日第 1 版

归根到底就是
让老百姓过上更好的日子

胡　敏

　　一元复始，万象更新。在辞旧迎新的美好时刻，习近平主席从2014年元旦起连续11年同亿万中国人民相守在每一个新年钟声将要响起的特殊时刻，向海内外中华儿女发表新年贺词，回望过往一年的难忘岁月，展望新的一年的美好前程。习近平主席的新年贺词总是饱含深情、充满力量，充分展示了"民之所忧，我必念之；民之所盼，我必行之"的炽热民生情怀，激发起全体中国人民团结奋斗创造美好生活的蓬勃朝气。

　　在全面推进中国式现代化新征程的2024年跨年时刻，习近平主席的新年贺词篇幅不长但高度凝练，依旧金句迭出、温情满满、催人奋进。

走过的路风雨兼程我们的步伐为什么坚实有力

2024 年新年贺词首先回溯了 2023 年我们共同走过的路。习近平主席用步伐作比喻，指出"这一年的步伐，我们走得很坚实""这一年的步伐，我们走得很有力量""这一年的步伐，我们走得很见神采""这一年的步伐，我们走得很显底气"。"很坚实""很有力量""很见神采""很显底气"生动刻画了 2023 年我们虽历经风雨洗礼，但收获依旧是沉甸甸的。

事非经过不知难，成如容易却艰辛。2023 年是全面贯彻党的二十大精神的开局之年，也是三年新冠疫情防控转段后经济恢复发展的一年。这一年，我国发展的外部环境波谲云诡，当今世界百年未有之大变局加速演进，世界进入新的动荡变革期。我国正处于迈向高质量发展的重要关口，但制约高质量发展的不少深层次体制机制障碍还躲不开、绕不过，同时受三年新冠疫情对经济运行产生的巨大影响，叠加周期性结构性矛盾，国内经济运行面临需求收缩、供给冲击、预期转弱三重压力，经济下行压力依然较大。我们党面临的"四大考验""四种危险"仍然存在，不可掉以轻心。

以习近平同志为核心的党中央团结带领人民保持战略定力和历史自信，顶住外部压力、克服内部困难，坚定走自己的路，扎实推进高质量发展，我国经济持续回升向好，全面建设社会主义现代化国家迈出坚实步伐。

正因为"中国经济在风浪中强健了体魄、壮实了筋骨"，我们前进的步伐才格外铿锵有力、坚实坚定。步履矫健的支撑力量来自哪里呢？新年贺词以过去一年活生生的发展成就给出了鲜明答案：

一个就是创新的力量。过去一年，在党中央坚强领导下，中国大地"到处都是日新月异的创造"。

一个就是追求美好生活的力量。超大规模市场蕴积的消费潜力的迸发，"诠释了人们对美好幸福的追求"，激发出人民创造美好生活的内在动力和蓬勃生机，"展现了一个活力满满、热气腾腾的中国"。

一个就是文化的力量。中华优秀传统文化的厚实底蕴成为"我们的自信之基、力量之源"，充分彰显了中国人民无坚不摧的志气、骨气和底气。

还有，就是党和人民拥有胸怀天下的博大情怀。我们始终站在历史正确的一边，"以人类前途为怀、以人民福祉为念，推动构建人类命运共同体，建设更加美好的世界"，坚守"世事变迁，和平发展始终是主旋律，合作共赢始终是硬道理"，不断扩大朋友圈，赢得了世界尊重、也赢得了发展契机。

人民永远是我们战胜一切困难挑战的最大依靠

纵观习近平主席这连续 11 年的新年贺词，其最暖心、最接地气、最触动心灵的就是主席的人民情怀。习近平主席始终以"民之所忧，我必念之；民之所盼，我必行之"自勉，以"我将无我，不负人民"贯穿于治国理政的方方面面，将人民群众的冷暖牵挂于心。

刚刚过去的 2023 年，习近平主席足迹遍布祖国大江南北，走访城市、乡村、厂矿和军营，走进受灾群众第一线。在新年贺词中，习近平主席满怀深情地指出，"前行路上，有风有雨是常态。一些企业面临经营压力，一些群众就业、生活遇到困难，一些地方发生洪涝、台风、地震等自然灾害，这些我都牵挂在心"。一年来，党和政府继续加大政策支持力度给中小微企业减税降费，提前下达一万亿特别国债用于部分地区洪灾后恢复重建，增发的国债全部通过转移支付方式安排给地方，积极实施就业优先政策稳岗拓岗，完善重点群体就业支持体系，健全社会保障体系，切实增强了人民群众的获得感、幸福感、安全感。

中国经济能够在曲折中发展、在波浪中前行，不断巩固稳中向好的发展态势，离不开"辛勤劳作的农民，埋头苦干的工人，敢闯敢拼的创业者，保家卫国的子弟兵"，正因为"各行各业的人们都在挥洒汗水，每一个平凡的人都作出了不平凡的贡献"，正因为全体中国人"不惧风雨、守望相助，直面挑战、攻坚克难"，中国经济这艘航船才能乘风破浪、行稳致远。习近平主席由衷感叹："人民永远是我们战胜一切困难挑战的最大依靠。"

在 2023 年年末中央政治局召开的主题教育专题民主生活会上，习近平总书记再次强调，"我们党的最大政治优势是密切联系群众，党执政后的最大危险是脱离群众"。这也是对"中国共产党领导人民打江山、守江山，守的是人民的心"的最好诠释。

目标宏伟归根到底是让老百姓过上更好的日子

习近平主席在新年贺词中指出："经历了风雨洗礼，看到了美丽风景""大家记住了一年的不易，也对未来充满信心"。新的一年我们将迎来甲辰龙年，更要弘扬龙马精神，更要"接续奋斗、砥砺前行"。

2023 年年末召开的中央经济工作会议强调"必须把推进中国式现代化作为最大的政治"。这是新时代做好经济工作的根本方向。实现全体人民共同富裕是中国特色社会主义的本质要求，也是中国式现代化的本质要求，是当今中国人民的民心所向，是当代中国社会最大的政治。

中国式现代化走得通、行得稳，是强国建设、民族复兴的唯一正确道路。党的二十大擘画了以中国式现代化全面推进中华民族伟大复兴的宏伟蓝图。这就要求在党的统一领导下，团结最广大人民，聚焦经济建设这一中心工作和高质量发展这一首要任务，坚持把实现人民对美好生活的向往作为现代化建设的出发点和落脚点。

中国式现代化是全体人民共同富裕的现代化，目标虽宏伟远大，但又是具体的、实实在在的。习近平主席在新年贺词中用"很朴素"三个字意味深长地对宏伟目标作了很接地气的表述，即"归根到底就是让老百姓过上更好的日子"，强调"家事也是国事"，需要我们致广大而尽精微。老百姓最关心的就是"孩子的抚养教育，年轻人的就业成才，老年人的就医养老"，把老百姓最关心最急难愁盼的事情办实办好，就是把中国式现代化宏伟蓝图一步步变为美好现实。

习近平主席还很动情地谈道，"现在，社会节奏很快，大家都很忙碌，工作生活压力都很大。"破解压力之道，从宏观层面说，就是要坚定不移推进中国式现代化，完整、准确、全面贯彻新发展理念，加快构建新发展格局，着力推动高质量发展，统筹好发展和安全。坚持稳中求进、以进促稳、先立后破，巩固和增强经济回升向好态势，实现经济行稳致远。从操作层面讲，就是要全面深化改革开放，进一步提振发展信心，增强经济活力，以更大力度办教育、兴科技、育人才。从具体效果看，就是要营造温暖和谐的社会氛围，拓展包容活跃的创新空间，创造便利舒适的生活条件，让大家心情愉快、人生出彩、梦想成真。

让我们以新年贺词作为新的激励，在甲辰龙年为推进中国式现代化继续描画新的美丽风景，祈福祖国繁荣昌盛、世界和平安宁，满怀豪情地迎接新中国成立 75 周年华诞。

《中国青年报》2024 年 1 月 7 日第 3 版

学术圆桌

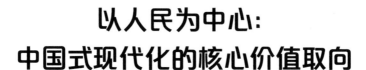

以人民为中心：
中国式现代化的核心价值取向

余永跃

中国式现代化，是中国共产党领导的社会主义现代化，既有各国现代化的共同特征，更有基于自己国情的中国特色。人的解放、人的发展、人的价值、人的需要、人的自由等人学问题是中国式现代化的内生逻辑。从人学理论溯源、历史发展脉络、理论内涵和实践路径等维度阐析中国式现代化，有助于深刻认识以人民为中心的发展思想，对于中国共产党在新征程上继续重视人民力量、推动人民创造性实践，实现中华民族伟大复兴具有重要意义。

以人民为中心的发展思想的理论溯源

马克思主义人学理论。马克思主义人学理论从人的本质、人的需要和人的发展等方面系统地开展了关于人的问题的研究，形成了内涵丰富的人学理论，成为中国式现代化的重要理论源头。

第一，马克思主义关于人的本质的理论是"坚持以人民为中心"的理论基础。马克思明确指出："人的类特性恰恰就是自由的自觉的活动。"这种自由自觉的活动的集中表现就是劳动，生产劳动是人作为类存在的本质，也是人自我表现、自我肯定的重要形式。"人的本质不是单个人所固有的抽象物，在其现实性上，它是一切社会关系的总和。"马克思以人的经济活动为基础，把人放在历史进程、社会生活、社会劳动中进行定位，肯定人的劳动和社会本质。人是社会关系的产物，这决定着人必须在与他人的联系中生存，中国式现代化作为中国共产党领导的社会主义现代化，坚持以人民为中心的发展思想，不断推动社会的进步与发展。

第二，马克思主义关于人的需要的理论是"坚持以人民为中心"的理论基础。马克思从历史唯物主义出发，立足人的实践活动与实践基础上的社会活动，强调人的需要是社会性的需要。马克思认为，真正的社会联系是"由于有了个人的需要和利己主义才出现的"，人的需要促使人进行生产活动，进而在生产活动中形成人与人之间的社会关系，即人在劳动的过程中创造出自己的社会联系并产生自身的需要。从历史唯物主义的角度出发，人的需要通常反映出特定历史阶段的生产关系，且无法脱离特定历史阶段的生产力水平。因此，实现人口规模巨大、全体人民共同富裕的中国式现代化必然要坚持以人民为中心的发展思想，重视人的社会需要。

第三，马克思主义关于人的发展的理论是"坚持以人民为中心"的理论基础。马克思主义关于人的发展的理论是历史唯物主义的重要范畴，把人的自我发展和进步当作人类社会发展的基础和动因，为"坚持以人民为中心"提供了价值指引。资本主义社会为人的发展、社会的进步奠定了坚实的物质基础，但资本的统治也使人丧失了主体性，从国家到社会、从家庭到个人都会被异化，人的自由全面发展被资本所阻碍。中国式现代化始终突出人的主体性，在理论与实践上都与马克思主义对人的自由全面发展的价值诉求相契合，为人类社会未来发展提供了价值指引。

中华优秀传统文化中的民本思想。中华优秀传统文化中的民本思想本质上虽是作为维护封建统治阶级地位的工具而出现，但其对我国政治、经济、文化产生了久远影响。周人从商朝的覆灭中认识到"天命靡常"（《诗经·大雅·文王》）、"民之所欲，天必从之"（《尚书·泰誓》），进而提出"敬德"才可以"保民"，开启春秋战国时期民本思想的先河。春秋时期，天下大乱、礼崩乐坏的现实动摇了人们对于神圣天道的崇拜，人的地位逐渐凸显，君主开始认识到"政之所兴在顺民心，政之所废在逆民心"。以"民为邦本，本固邦宁"为代表的民本思想源远流长，已经成为中华文明的精神密码，是中国式现代化强有力的文化支撑。

现代化的本质是人的现代化。马克思指出："历史什么事情也没有做……正是人，现实的、活生生的人在创造这一切，历史不过是追求着自己目的的人的活动而已。"人的现代化，是现代化的政治、经济、制度等在国家与社会中赖以长期发展并取得成功的先决条件，没有人的现代化，就没有社会的现代化，二者在动态发展的过程中相互促进、共同进步。一方面，社会的现代化为人的现代化创造根本条件和现实基础。社会的现代化作为一个统一的有机整体，内含物的现代化、制度的现代化和人的现代化三个层面。

在漫长的现代化演进过程中，国家与社会凭借物的现代化与制度的现代化掌握了先进的科学技术、积累了丰富的物质财富、提供了新的思想观念，为人的现代化营造了良好的环境，是实现人的现代化的根本前提。另一方面，人的现代化是社会的现代化的最终目标和根本标志。人是现代化的主体，是现代化活动的承担者，现代化的科学技术、创新制度、高效管理等都要依赖且运用人的现代人格和现代品质。社会的现代化的出发点是为了人，其最终目的就是要实现人的自由而全面的发展，物和制度层面的现代化并不代表社会的现代化的真正实现，只有使人的现代化水平和社会生产状况、社会现代化水平达到一致高度，才能实现真正的现代化。

中国式现代化"坚持以人民为中心"的理论内涵

中国特色社会主义进入新时代，人民日益增长的美好生活需要和不平衡不充分的发展之间的矛盾成为社会主要矛盾。习近平总书记提出要以中国式现代化全面推进中华民族伟大复兴，指明中国式现代化的五大特征。

中国式现代化是人口规模巨大的现代化。毛泽东同志指出："认清中国社会的性质，就是说，认清中国的国情，乃是认清一切革命问题的基本的根据。"我国基本国情和客观实际就是仍处于并将长期处于社会主义初级阶段。幅员辽阔、民族众多、人口规模巨大，这既是推进中国式现代化具有的巨大优势，也是推进中国式现代化面临的重大难题。在现代化发展初期，中国共产党团结带领中国人民充分发挥人口红利的有利因素，用几十年时间走完发达国家几百年走过的工业化历程。但随着人口红利效应的相对弱化，在推进中国特色社会主义现代化建设的过程中，如何做到既坚持现代化发展的社会主义性质不变，又让全体人民共享改革开放和现代化建设的成果，打造惠及十四亿多人口的中国式现代化道路，成为当前我国面临的全新问题。基于"人口规模巨大"的特征理解中国式现代化，意味着要始终坚持以人民为中心的发展思想，将人置于现代化发展的核心位置。可以说，中国式现代化就是要实现人的自由而全面的发展。

中国式现代化是全体人民共同富裕的现代化。从《周礼·天官冢宰·小宰》中的"以富邦国，以养万民，以生百物"，到《礼记·礼运》中的"大道之行也，天下为公"，几千年来，中华民族始终保有对共同富裕的美好期盼。在探索中国式现代化的进程中，中国共产党清楚地认识到现代化与共同富裕之间的关系，提出共同富裕是社会主义的本质要求，是中国式现代化的重要特征。几十年来，从"基本解决温饱"到"人民生活总体达到小康水平"，再到"全面建成小康社会"，直至"实现全体人民共同富裕"，执政目标的演进体现着我们党始终不变的人民立场。现在，我们已经进入扎实推进共同富裕的历史阶段，共同富裕不仅是"富口袋"，更要"富脑袋"，人的自由而全面的发展、由内而外的富裕和充实，才是全体人民共同富裕的生动写照。

中国式现代化是物质文明和精神文明相协调的现代化。物质富足、精神富有是社会主义现代化的根本要求，物质贫困不是社会主义，精神贫乏也不是社会主义。在西方现代化的话语体系中，现代化发展往往被单纯理解为物质文明的创造，单纯追求经济指标的增长，忽视精神文明的发展，这导致一些发达国家日益暴露出利己主义盛行、消费主义至上等缺陷。在中国式现代化的历史语境与布局发展中，物质文明是精神文明发展的基础，精神文明能为物质文明发展提供动力和支撑，两者犹如车之两轮、鸟之两翼。从外部环境来看，伴随经济社会的快速发展、物质的快速充裕，全球范围开始出现享乐主义、消费主义、拜金主义

★ ★ ★

泛滥的现象，对此，我们党在改革开放初期就提出物质文明和精神文明"两手抓、两手都要硬"，在治国理政的实践中始终保持着二者的平衡与协调。物质文明和精神文明相协调，最终价值将在人的行为和活动中得到体现，实现物的全面丰富和人的全面发展是中国式现代化的题中应有之义。

中国式现代化是人与自然和谐共生的现代化。中国式现代化注重同步推进物质文明建设和生态文明建设，致力于建设人与自然、人与社会和谐共生的社会主义现代化国家。恩格斯曾警醒世人："我们不要过分陶醉于人类对自然界的胜利。对于每一次这样的胜利，自然界都对我们进行报复。"崇尚资本至上、经济至上的人类中心主义价值观，掩藏现代化的协调性与可持续发展的需要，会导致人与自然之间失衡的恶劣后果。在充分汲取经验教训的基础上，我们党强调生态文明建设是关乎中华民族永续发展的根本大计，始终坚持节约优先、保护优先、自然恢复为主的方针，把生态文明建设融入经济建设、政治建设、文化建设、社会建设各方面和全过程。这不仅凸显了人与自然的共生关系，更体现了中国式现代化对马克思主义"人化自然"的道义性、对中华优秀传统文化"天人合一"的整体观以及"天道无为"的自然观的坚守。

中国式现代化是走和平发展道路的现代化。和平发展是中国共产党矢志不渝的追求，是我国发展的鲜明特征。作为现代化的先行者，西方国家在现代化发展进程中，不加掩饰地推行殖民主义、霸权主义，通过战争、种族灭绝、奴隶制等手段积累现代化的原始资本。这种充满血腥罪恶的传统现代化道路给广大发展中国家人民带来了深重苦难。中国共产党和中国人民从苦难中走过来，深知和平的珍贵、发展的价值，始终把促进世界和平与发展视为自己的神圣职责。从"和平共处五项原则"到"构建人类命运共同体"，充分体现了我国一以贯之的和平发展理念。中国式现代化以包容性态度追求与世界各国实现互利共赢、共同发展，将自身发展嵌入全球分工体系和价值循环中，推动全球治理体系朝着更加公正合理的方向发展，为人类社会进步注入互利性力量。

中国式现代化"坚持以人民为中心"的实践路径

《易经·系辞》有云："形而上者谓之道，形而下者谓之器"，将"道"与"器"这一体两面相结合，天地万事万物才能相通相成。推进中国式现代化，就要将"坚持中国

共产党领导"和"坚持中国特色社会主义"的"器",与
"实现全体人民共同富裕"和"推动构建人类命运共同体"
的"道"相结合,为人类对现代化理论的探索作出新贡献。

坚持中国共产党领导是根本保证。习近平总书记指出:
"党的领导直接关系中国式现代化的根本方向、前途命运、
最终成败。党的领导决定中国式现代化的根本性质,只有
毫不动摇坚持党的领导,中国式现代化才能前景光明、繁
荣兴盛;否则就会偏离航向、丧失灵魂,甚至犯颠覆性错
误。"党的领导凝聚建设中国式现代化的磅礴力量,是激发
全体人民的主人翁精神、走好中国式现代化新道路的根本
保证。

首先,中国共产党拥有丰富的治国理政经验。从瑞金
的初步执政到延安的局部执政,再到新中国的全面执政,
中国共产党与时俱进,坚持理论与实践相结合,总结出了
党执政要由人治转向法治、由重经济发展转向践行新发展
理念、由社会管理转向社会治理等科学执政理念。在党的
领导下,进一步深化对中国式现代化内涵和本质的认识,
初步构建中国式现代化的理论体系,使中国式现代化更加
清晰、更加科学、更加可感可行。其次,中国共产党始终
坚持以人民为中心的发展思想。习近平总书记强调:"人民

立场是中国共产党的根本政治立场，是马克思主义政党区别于其他政党的显著标志。"我们党坚持以人民为中心的发展思想，始终保持同人民群众的血肉联系，从而获得了排除一切艰难险阻的力量源泉。中国共产党人以"为中国人民谋幸福，为中华民族谋复兴"为初心和使命，成功探索出中国式现代化新道路，带领广大人民以中国式现代化全面推进中华民族伟大复兴。最后，中国共产党领导是中国特色社会主义制度的最大优势。制度优势是一个政党、一个国家的最大优势。回望世界历史发展进程，国家只有创建并完善先进的制度体系，使之契合于本国国情和发展要求，才能凭借先进的制度优势，为本国发展谋求红利。综上，坚持中国共产党领导，是走好中国式现代化新道路的根本保证。

坚持中国特色社会主义是根本方向。习近平总书记强调："新时代中国特色社会主义是我们党领导人民进行伟大社会革命的成果，也是我们党领导人民进行伟大社会革命的继续，必须一以贯之进行下去。"首先，以民为本是中国特色社会主义的出发点和落脚点。中国特色社会主义作为党领导下根据中国国情实行的社会主义，始终坚持以人民为中心的发展思想，始终把实现好、维护好、发展好最广大人民的根本利益作为党和国家一切工作的出发点和落脚点，不断推进和拓展中国式现代化。其次，公平正义是中国特色社会主义的内在要求。促进社会公平正义、增进人民福祉是全面深化改革的出发点和落脚点，也是中国共产党治国理政的重要价值取向。"不论处在什么发展水平上，制度都是社会公平正义的重要保证"，中国特色社会主义制度在经济、政治、文化、社会、生态文明等各领域充分发挥作用，充分调动各方面积极性，努力营造公平的社会环境。最后，共同富裕是中国特色社会主义的本质要求。扎实推进共同富裕，就要坚持在发展中保障和改善民生，让改革发展成果更多更公平惠及全体人民，鼓励勤劳创新致富，促进社会财富和个人财富的积累，不断提升全体人民的满足感、幸福感和获得感，这也是中国式现代化新道路的根本目标所在。

实现全体人民共同富裕是根本目标。在推动经济发展、促进社会进步、实现现代化的过程中，我国与西方国家有着截然不同的道路目标。中国式现代化以实现全体人民共同富裕为根本目标。中国式现代化坚决防止两极分化，促进共同富裕，实现社会和谐安定。

首先，共同富裕是社会主义的本质要求。在马克思预见的未来共产主义社会中，"生产将以所有人的富裕为目的"。按照社会主义公平与正义的原则来共同分享发展的成果，是自马克思主义诞生以来人们关于社会主义的共同理想。新中国成立后，毛泽东同志提出我国社会制度是推动国家走向"更富更强"的制度；改革开放后，邓小平同志提出"社会主义的本质，是解放生产力，发展生产力，消灭剥削，消除两极分化，最终达到共同富裕"；中国特色社会主义进入新时代，以习近平同志为核心的党中央把促进全体人民共同富裕摆在更加重要的位置，将其作为为人民谋幸福的着力点，不断夯实党长期执政的基础。其次，共同富裕是中国式现代化的重要特征。富裕是各国现代化追求的目标，西方国家能够解决经济方面的富裕问题，但却很难实现全面的、共同的富裕，更多的是少数人富裕、多数人贫穷、两极分化严重的富裕。而我国的共同富裕强调人民群众物质生活和精神生活都富裕，不是少数人的富裕，也不是整齐划一的平均主义。最后，共同富裕是人民群众的共同期盼。实现共同富裕，让发展成果更多更公平惠及全体人民，才能推动人的全面发展、社会全面进步，不断提升人民群众的获得感、幸福感、安全感。中国特色社会主义进入新时代，我国社会主要矛盾发生变化，这就要求广大人民群众增强"主人翁"意识，践行发展为了人民、发展依靠人民、发展成果由人民共享的发展理念，在共建共享中实现共富的中国式现代化新道路。

推动构建人类命运共同体是根本职责。现代化是世界各国的共同追求和全人类的共同事业，不同国家有不同的发展模式。西方国家的现代化在"串联式"发展过程中逐渐衍生出殖民主义、霸权主义等；而我国的现代化在"并联式"发展过程中选择了推进经济全球化、构建人类命运共同体的道路。

首先，构建人类命运共同体是马克思主义共同体思想在新时代的最新理论体现。马克思认为，人的解放和社会问题的解决只有建立一种不同于历史上的共同体的新的联合形式才能达到。基于此，他在对资本主义"虚幻的共同体"深刻批判的基础上，提出了"自由人的联合体"思想，指出这样的联合体才是"真正的共同体"。人类命运共同体理念关注的也是整个人类社会的前途命运，因此构建人类命运共同体思想可以被看成是马克思共同体思想理论逻辑的自然延伸，传承着马克思共同体思想的理论精髓。在马克思主义政党领导下的中国式现代化，自然地承担起构建人类命运共同体这一历史责任。其次，构建人类命运共同体是维护人的生存自由的有效手段。实现人的自由而全面的发展，是马克思主义追求的根本价值目标。当前世界百年未有之大变局加速演进，人的自由首先表现为人的生存自由。基于此，我国坚定不移走和平发展道路，坚定不移维护世界和平、促进共同发展，推动构建以合作共赢为核心的新型国际关系。中国式现代化始终坚持统筹"两个大局"，兼顾好发展自身与造福世界，维护人的生存自由，实现了国家现代化与世界现代化的良性互动。最后，构建人类命运共同体是从深刻批判到共生共赢的理论变革。马克思批判资本主义私有制，但不主张抛弃资本主义创造的所有现代文明，而是肯定"资产阶级在历史上曾经起过非常革命的作用"。习近平总书记指出："推动构建人类命运共同体，不是以一种制度代替另一种制度，不是以一种文明代替另一种文明，而是不同社会制度、不同意识形态、不同历史文化、不同发展水平的国家在国际事务中利益共生、权利共享、责任共担，形成共建美好世界的最大公约数。"要在中国共产党的领导下探寻资本主义世界的积极作用，从而实现国家间、制度间、文明间和人与自然间的共生共赢，在尊重、包容、理解中构建人类命运共同体。

当前，世界百年未有之大变局加速演进，我们党团结带领中国人民踏上了实现第二个百年奋斗目标新的赶考之路，实现中华民族伟大复兴进入关键时期。随着人民对美好生活的需求不断提升，人民日益增长的美好生活需要和不平衡不充分的发展之间的矛盾成为社会主要矛盾，中国式现代化也逐渐形成了从"物"到"人"再到"人民"的发展理路。探寻中国式现代化的核心价值取向，能够平衡"物"与"人"之间的关系，深刻认识"人民"在中国式现代化进程中的核心地位和重要作用。

《人民论坛》2024 年第 4 期

"中国共产党是为人民服务的党"的内在逻辑与实践要求

任友群　张士海

中国共产党来自人民、为了人民、依靠人民、造福人民，人民性是我们党最鲜明的政治底色。2022年10月26日，习近平总书记在延安考察时指出："中国共产党是人民的党，是为人民服务的党。"习近平总书记在党的二十届三中全会上所作的《关于〈中共中央关于进一步全面深化改革、推进中国式现代化的决定〉的说明》指出："坚持人民至上，从人民整体利益、根本利益、长远利益出发谋划和推进改革。"在庆祝中华人民共和国成立 75 周年招待会上的讲话中，习近平总书记指出："我们要始终牢记党的根本宗旨和国家性质，牢记人民至上，一切为了人民，一切依靠人民，努力让全体人民在共同奋斗中共享改革发展成果。"我们党之所以是"为人民服务的党"，既有理论逻辑上的科学自洽，也有历史逻辑上的鲜明印证，更有现实逻辑上的深刻彰显。应进一步增强"中国共产党是为人民服务的党"的行动自觉，依靠人民走向未来，在新时代新征程上创造出新的更大辉煌。

"为人民服务的党"是马克思主义政党的根本属性

坚持马克思主义科学理论指导，马克思主义政党与生俱来地带有人民性，它承担着为绝大多数人谋利益和为全人类求解放的使命任务。中国共产党作为马克思主义政党，必然会沿袭这一根本属性。所以有必要从理论逻辑出发，准确把握马克思主义政党与人民群众的理论联结，深刻领悟中国共产党何以成为"为人民服务的党"。

正确认识人民地位，是理解马克思主义政党是"为人民服务的党"这一根本属性的逻辑前提。"为人民服务的党"是马克思主义政党的根本属性,首先表现为党对人民群众主体地位的确认。马克思、恩格斯指出:"历史活动是群众的事业,随着历史活动的深入,必将是群众队伍的扩大。"在马克思、恩格斯看来,从事具体实践活动的"现实的人"是社会历史主体,任何历史活动不可能脱离人民群众这一主体而孤立存在和发展。中国共产党作为马克思主义政党,在领导中国革命、建设和改革的伟大实践中始终坚持马克思主义人民主体思想,并将其应用于中国具体实践,牢固确立起了人民主体地位。无论是毛泽东同志关于坚决地相信人民群众的创造力是无穷无尽的认识,邓小平同志指出要把人民群众拥护不拥护、满意不满意、赞成不赞成、高兴不高兴、答应不答应作为一切工作的出发点的观点,还是习近平总书记强调"要坚持人民主体地位,顺应人民群众对美好生活的向往,不断实现好、维护好、发展好最广大人民根本利益"的论断,中国共产党对人民主体地位的强调一以贯之。质言之,马克思主义理论将人民群众置于主体地位,注重发挥人民群众的主体作用,这是理解马克思主义政党是"为人民服务的党"这一根本属性的逻辑前提。

准确把握党群关系,是理解马克思主义政党是"为人民服务的党"这一根本属性的关键所在。党群关系深刻体现了马克思主义政党对人民群众的态度，反映着马克思主义政党是"为人民服务的党"这一根本属性。马克思、恩格斯指出："过去的一切运动都是少数人的，或者为少数人谋利益的运动。无产阶级的运动是绝大多数人的、为绝大多数人谋利益的独立的运动。"列宁将共产党比作无产阶级先锋队，并指出它的任务"是带领群众前进"，同时"先锋队只有当它不脱离自己领导的群众并真正引导全体群众前进时，才能完成其先锋队的任务"。中国共产党人将密切联系群众作为我们党区别于其他任何政党的显著标志，把党群关系形象比作"鱼与水""学生与老师""种子与土地"等关系，并创造性地提出了党的群众路线。习近平总书记指出："密切党群、干群关系，保持同人民群众的血肉联系，始终是我们党立于不败之地的根基。"需要指出的是，认识和把握马克思主义政党是"为人民服务的党"这一根本属性，在处理党群关系时必须谨防两种错误倾向：一是脱离群众、高高在上的"命令主义"，违反了群众的自愿原则，只是简单地将任务诉诸强迫命令，无法真正激起群众的积极性和主动性；二是思想和觉悟都在群众后面的"尾巴主义"，它落后于群众的觉悟程度，违反了领导群众前进一步的原则，在群众工作中处于滞后状态、迎合落后作风，严重挫伤了党群、干群关系。

科学厘清"为人民服务的党"与"全民党"的区别，是理解马克思主义政党是"为人民服务的党"这一根本属性的内在要求。马克思主义政党所强调的"为人民服务的党"与"全民党"有着本质的区别：其一，"为人民服务的党"具有真实的人民性，代表着最广大人民群众的根本利益，因而能够赢得广大人民群众的衷心拥护和广泛支持。而"全民党"声称其纲领反映了全体人民和全人类的利益，但就实际情况来说，大部分政党提出"全民党"这一概念，多是出于争取更多选民以谋求实现上台执政的目的，主要是为了赢得选举的实用之策。其二，"为人民服务的党"具有深刻的阶级性，是工人阶级和最广大人民群众的先锋队，是为实现工人阶级和最广大人民群众利益而诞生的、为实现工人阶级和最广大人民群众解放理想而存在的。而"全民党"则试图通过否定阶级性来追求一种虚幻的普遍性，这是不合乎理论逻辑的，在现实中也是行不通的。其三，"为人民服务的党"是人民性与阶级性的统一。人民性以阶级性为基础，阶级性以人民性为旨归。马克思主义政党代表了最广大人民群众的根本利益，因之能够保持马克思主义政党的先进性和纯洁性，从而具有广泛的社会基础和群众基础。而"全民党"则割裂了人民性和阶级性的统一关系，放弃了政党的阶级性，也就愈发脱离工人阶级和广大人民群众，不可避免地会走向灭亡。

"为人民服务的党"是中国共产党铸就百年辉煌的核心密码

人民群众是铸就中国共产党百年辉煌最坚实的根基和最深厚的力量。中国共产党的历史就是一部党与人民心连心、同呼吸、共命运的历史。"赢得人民信任，得到人民支持，党就能够克服任何困难，就能够无往而不胜。"正是在与人民彼此信任、彼此依靠的良性互动中，我们党才凝聚起干事创业的磅礴力量，取得了伟大成就。准确把握党为了人民、依靠人民、造福人民的宏大历史脉络，可以从历史中探寻规律性认识，更好地印证和得出"中国共产党是为人民服务的党"这一结论。

新民主主义革命时期，中国共产党践行"为人民服务的党"创造了伟大成就。中国共产党一经成立就同人民群众建立起了紧密的血肉联系，坚持与人民群众同进退、共患难，将新民主主义革命的实践活动深深扎根于人民群众之中。中国共产党深刻认识到"中国的革命实质上是农民革命",紧紧抓住农民关心的土地问题进行改革,维护群众的根本利益。中国共产党确立了全心全意为人民服务的根本宗旨。正是因为紧紧依靠"千百万真心实意地拥护革命的群众",中国共产党才能够推翻"三座大山",取得民族独立与人民解放的历史性成就。

社会主义革命和建设时期,中国共产党践行"为人民服务的党"创造了伟大成就。新中国成立后,中国共产党人清醒地认识到,要顺利推进社会主义革命和建设事业,就必须调动起广大人民群众的积极性、主动性和创造性。1950 年 6 月中央人民政府委员会通过的《中华人民共和国土地改革法》,1954 年 9 月我国颁布的《中华人民共和国宪法》,都充分调动了人民群众参与建设事业的热情。正如毛泽东同志 1956 年 9 月在党的八大上所强调的,"就国内的条件来说,我们胜利的获得,是依靠了工人阶级领导的工农联盟,并且广泛地团结了一切可能团结的力量"。正是依靠亿万人民群众,中国共产党才能够在我国确立社会主义基本制度,"实现了中华民族有史以来最为广泛而深刻的社会变革,实现了一穷二白、人口众多的东方大国大步迈进社会主义社会的伟大飞跃,为实现中华民族伟大复兴奠定了根本政治前提和制度基础"。

改革开放和社会主义现代化建设新时期，中国共产党践行"为人民服务的党"创造了伟大成就。中国共产党始终把实现和维护最广大人民的根本利益作为改革和建设事业的根本出发点。改革开放中许多东西都是由群众在实践中提出来的，比如家庭联产承包责任制，始于安徽凤阳小岗村村民"包干到户"的举措，是基层群众创造性实践的产物。可以说，"我们党提出的各项重大任务，没有一项不是依靠广大人民的艰苦努力来完成的"。正是中国共产党践行"为人民服务的党"的根本要求，改革开放事业才能赢得人民群众的广泛信任和大力支持，从而"实现了从生产力相对落后的状况到经济总量跃居世界第二的历史性突破，实现了人民生活从温饱不足到总体小康、奔向全面小康的历史性跨越"，谱写了中国大踏步赶上时代的壮丽篇章。

中国特色社会主义新时代，中国共产党践行"为人民服务的党"创造了伟大成就。党的十八大以来，习近平总书记反复强调："人民群众有着无尽的智慧和力量，只有始终相信人民，紧紧依靠人民，充分调动广大人民的积极性、主动性、创造性，才能凝聚起众志成城的磅礴之力。"坚持以人民为中心的发展思想，切实地体现在新时代以来党开展的全部治国理政活动中。无论是赢得脱贫攻坚战胜利、扎实推进乡村全面振兴，还是经济社会高质量发展、民生领域的持续推进，抑或是全面建成小康社会、全面深化改革，都是党维护人民根本利益的深刻彰显，都在实践层面生动地诠释了以人民为中心的发展思想。新时代以来，正是在一切为了群众和一切依靠群众的统一中，"中国共产党和中国人民以英勇顽强的奋斗向世界庄严宣告，中华民族迎来了从站起来、富起来到强起来的伟大飞跃，实现中华民族伟大复兴进入了不可逆转的历史进程"。

践行"为人民服务的党"的根本要求是新时代新征程中国共产党进一步全面深化改革、推进中国式现代化的时代需要

"为人民服务的党"是中国共产党治国理政的鲜明底色，中国共产党为人民而生，因人民而兴。百余年来，中国共产党依靠人民群众创造了举世瞩目的历史伟业。新时代新征程，我们依然要依靠人民群众，为进一步全面深化改革、推进中国式现代化蓄势赋能，不断创造出新的辉煌。

推进中国式现代化是当前中国共产党最大的政治任务。新时代以来，以习近平同志为核心的党中央高度重视现代化

问题，团结带领人民成功推进和拓展了中国式现代化并明确强调"必须把推进中国式现代化作为最大的政治"。将推进中国式现代化纳入"最大的政治"这一命题，是以习近平同志为核心的党中央综合研判国内外形势、科学把握"两个大局"的基础上提出的，是新时代新征程中国共产党治国理政最大的现实背景。中国式现代化的本质是人的现代化，推进中国式现代化之所以能够成为中国共产党最大的政治任务，根本原因在于它始终坚持发展为了人民，致力于使人民对美好生活的向往不断变为现实。中国共产党领导的中国式现代化坚持以人民为中心的发展思想，将维护人民根本利益作为现代化事业的逻辑起点和价值旨归，将人民根本利益的满足和实现程度作为衡量现代化事业的根本标准。

在进一步全面深化改革、推进中国式现代化进程中，部分党员在践行"为人民服务的党"方面还存在一些问题。在以中国式现代化全面推进强国建设、民族复兴伟业的关键时期，面对人民群众新期待，广大党员干部愈发认识到中国共产党是"为人民服务的党"这一根本属性，形成了"中国共产党是为人民服务的党"的思想自觉和行动自觉。然而，随着全面深化改革进入攻坚期和深水区，其深度、难度和复杂性显著增加，加之党员干部的个体差异性和多样性，在进一步全面深化改革、推进中国式现代化进程中，部分党员在践行"为人民服务的党"的实际工作中还存在着一些问题。具体而言：其一，部分党员干部践行"为人民服务的党"的意识有待深化。部分党员干部服务群众意识较为薄弱，对于公仆意识的理解存在偏差，不愿意积极主动地参与到群众工作中来；部分党员干部没有树立正确政绩观，个别地方脱离实际、不计成本，盲目举债搞建设，整大场面、铺大摊子，搞"形象工程""面子工程"等。其二，部分党员干部践行"为人民服务的党"的能力有待提高。部分党员干部虽然能够深刻意识到"为人民服务的党"这一根本属性，但是由于其服务群众的本领和能力不足，难以充分了解群众所思所想所盼，不能有效解决关乎人民现实利益的问题，无法与群众想到一起、干到一起。如果不能有效解决这些问题，人民利益会受到损害，进一步全面深化改革、推进中国式现代化进程也会受到影响。

践行"为人民服务的党"的根本要求是中国共产党进一步全面深化改革、推进中国式现代化的重要保障。人民是历史的创造者，是推进现代化最坚实的根基、最深厚的力量。中国共产党只有践行"为人民服务的党"的根本要求，紧紧依靠人民群众，中国式现代化才能顺利推进、行稳致远。其一，人民群众是推进中国式现代化的根本动力。人民群众中蕴含着创造社会历史、创造物质财富和精神财富的力量和智慧，是开创具有中国特色的现代化的根本原因，也是推进中国式现代化不断完善发展的根本动力。我国拥有十四亿多人口的巨大体量和宏大规模，人民群众的力量和智慧更为深厚、更为持久，能够为中国式现代化提供更为强大的精神推动力和实践驱动力。其二，人民群众是推进中国式现代化的价值归宿。党的二十大报告指出，"中国式现代化是全体人民共同富裕的现代化"。人民群众作为中国式现代化的创造主体，也必然是中国式现代化的享有主体，是推进中国式现代化的价值归宿。在进一步全面深化改革、推进中国式现代化进程中，中国共产党只有切实践行"为人民服务的党"的根本要求，让现代化建设成果更多更公平惠及全体人民，才能够更好调动起人民群众的积极性、主动性和创造性，为中国式现代化注入不竭动力源泉。

进一步增强"中国共产党是为人民服务的党"的行动自觉

新时代新征程，在以中国式现代化全面推进中华民族伟大复兴进程中，必须进一步增强"中国共产党是为人民服务的党"的行动自觉。这是一项系统工程，需要多方面协同推进。

必须始终坚持"人民至上"的根本立场。人民群众作为社会历史的主体，不仅是社会物质财富和精神财富的创造者，更是推动历史发展和社会进步的根本力量。新时代新征程，我们党必须始终坚持"人民至上"的根本立场，在进一步全面深化改革的进程中充分尊重人民历史主体地位，坚持问政于民、问需于民、问计于民，广泛调动一切积极因素，团结一切可以团结的力量投入到中国式现代化事业中来。既要善于做好群众工作，把党的正确主张转变为人民群众的自觉行动，真正同人民群众结合起来；又要善于依靠人民群众推动发展，真正把人民群众面临的问题发现出来，把人民群众提出的意见反映上来，把人民群众创造的经验总结出来，在应对危机和挑战中掌握工作主动权、打好发展主动仗，使改革沿着正确方向、正确道路不断向前推进，为实现强国建设、民族复兴伟业凝聚磅礴力量、注入不竭动力。

必须始终坚持"中国共产党是先锋队"的根本定位。中国共产党是中国工人阶级的先锋队，也是中国人民和中华民族的先锋队。党除了工人阶级和最广大人民群众的利益，没有自己特殊的利益。中国共产党"为中国人民谋幸福、为中华民族谋复兴"的初心使命，不仅体现着工人阶级利益，而且体现着中国人民和中华民族利益。党的事业和人民的事业是同一个事业，党的奋斗和人民的奋斗是为了同一个目标。新时代新征程进一步全面深化改革，是一场广泛而深刻的社会变革，其涵盖领域的广泛性、触及利益格局调整的深刻性、涉及矛盾和问题的尖锐性、突破体制机制障碍的艰巨性，都要求我们必须坚持"中国共产党是先锋队"的根本定位，始终保持党性和人民性相统一，把一切拥护党的路线纲领、愿意为造福人民和民族复兴而矢志奋斗的各方面优秀分子吸纳到党内来，激励其以奋发有为的精神状态和"时时放心不下"的责任感，贯彻落实党中央关于进一步全面深化改革的战略部署，推动中国式现代化不断取得新进展新突破。

必须始终坚持"全心全意为人民服务"的根本宗旨。为什么人的问题，是一个根本性、原则性的问题，是检验政党和政权性质的试金石。中国共产党始终代表最广大人民群众的根本利益，全心全意为人民服务，与人民休戚与共、生死相依。习近平总书记强调："一切改革归根结底都是为了人民，是为了让老百姓过上好日子。"党的二十届三中全会就完善收入分配制度、完善就业优先政策、健全社会保障体系、深化医药卫生体制改革、健全人口发展支持和服务体系等，提出一系列重大改革举措。只有把人民放在心中最高位置，将这些着眼民生实际、推进共同富裕、关注人的全面发展的改革举措贯彻好、落实好，将党的奋斗目标、伟大事业与人民群众的获得感、幸福感、安全感紧密结合起来，才能解决好人民群众最关心最直接最现实的利益问题，更好满足人民日益增长的美好生活需要，体现以人民为中心的改革取向、发展取向和价值取向。

必须始终坚持"人民是阅卷人"的根本标准。中国共产党始终坚持立党为公、执政为民，始终把实现好、维护好、发展好最广大人民的根本利益作为党和国家一切工作的出发点和落脚点。我们党始终把人民作为阅卷的"考官"，将人民是否认同、是否高兴、是否赞成、是否满意，作为检验和评价工作成效的准绳。新时代新征程，进一步全面深化改革、推进中国式现代化，必须"以实绩实效和人民群众满意度检验改革"。要对照检验党的一切工作的根本标准、最高标准，创新和改进领导方式和执政方式，深化党的建设制度改革，健全全面从严治党体系。只有以改革精神管党治党，切实把党治理好、建设强，才能建成一个强大的马克思主义执政党，才能始终同人民同呼吸、共命运、心连心，才能向着全面建成社会主义现代化强国的宏伟目标奋勇前进，铸就经得起人民检验的新的历史伟业、创造经得起人民检验的新的时代辉煌。

《人民论坛》2024 年第 20 期

全面深化改革
必须坚持以人民为中心

睦国荣

《中共中央关于进一步全面深化改革、推进中国式现代化的决定》（以下简称《决定》）明确了进一步全面深化改革必须贯彻的重大原则，强调"坚持以人民为中心，尊重人民主体地位和首创精神，人民有所呼、改革有所应，做到改革为了人民、改革依靠人民、改革成果由人民共享"。《决定》彰显了以习近平同志为核心的党中央将改革进行到底的坚强决心和强烈使命担当，是对新时代新征程举什么旗、走什么路的再宣示，对以中国式现代化全面推进强国建设、民族复兴伟业具有重大而深远的意义。

★ ★ ★

　　人民性是马克思主义最鲜明的品格。习近平总书记强调的以人民为中心的发展思想是新时代中国共产党人对马克思主义理论的传承、创新和发展。全面深化改革要把牢以人民为中心的价值取向，一切为了人民、一切依靠人民，中国共产党始终把人民放在最高位置，坚持把以人民为中心的价值追求贯穿全面深化改革的始终，使改革过程和结果更加符合人民的期望和需求，促进社会公平正义，增强人民的获得感和幸福感。如何真正体现改革依靠人民、改革为了人民，改革充分发挥人民群众的主体作用，需要从改革的推动者、改革的实践者、改革的检验者、改革的受益者四个层面来深刻理解。

人民群众是全面深化改革的推动者

　　唯物史观认为，人民群众是历史的创造者，是社会实践主体、价值创造主体和历史评价主体。马克思、恩格斯认为，历史活动是群众的活动，随着历史活动的深入，必将是群众队伍的扩大。毛泽东同志指出："人民，只有人民，才是创造世界历史的动力。"习近平总书记强调，"人民是历史的创造者，人民是真正的英雄"。人民群众是全面深化改革的推动者，是决定党和国家前途命运的根本力量，是我们党执政的最大底气。全面深化改革要始终坚持问需于民、问计于民，充分发挥人民群众在推动改革发展稳定中的主体作用。

人民群众是社会物质财富的创造者，是社会精神财富的创造者，是社会变革的决定力量。改革是广大人民自己的事业，全面深化改革也必然由人民推动。随着时代发展，人民生活水平不断提高，人民群众的需求也呈现多样性。面对广大人民群众的新期待，中国共产党始终将"不断满足人民日益增长的美好生活需要"作为不懈追求的使命和任务，坚持以人民为中心，保证人民当家作主，广泛参与国家治理和社会治理，抓民心、顺民意，将民之所愿作为施政方向，坚持改革为了人民，凝聚亿万群众投身改革的巨大合力。"大鹏之动，非一羽之轻也；骐骥之速，非一足之力也。"中国共产党根基在人民、血脉在人民、力量在人民，中国要飞得高、跑得快，需要依靠全体中国人民的力量。全面深化改革想要取得历史性成就，必须始终坚持人民至上，扎实推动各项改革举措，不断开辟全面深化改革的新境界。

人民群众是全面深化改革的实践者

习近平总书记指出，"改革开放之所以得到广大人民群众衷心拥护和积极参与，最根本的原因在于我们一开始就使改革开放事业深深扎根于人民群众之中"。人民群众是谋划全面深化改革、推动全面深化改革的主体力量，"没有人民支持和参与，任何改革都不可能取得成功。无论遇到任何困难和挑战，只要有人民支持和参与，就没有克服不了的困难，就没有越不过的坎"。坚持人民有所呼、改革有所应。改革从来都不是从上往下的单项推进，而是要听取广大人民群众的需求和意见，"为了人民而改革，改革才有意义；依靠人民而改革，改革才有动力"。全面深化改革走到今天，我国国家治理体系和治理能力现代化水平不断提高、经济快速发展、社会形成长期稳定的良好局面、"五位一体"总体布局和"四个全面"战略布局取得显著成效，许多领域都取得了令人瞩目的成就。但是，在改革过程中难免出现一些难以解决的问题，改革越是深入，就越要依靠人民群众的支持，从人民群众中汲取智慧和力量。进一步激发人民参与全面深化改革实践的积极性、尊重人民敢于尝试的主动性、鼓励人民勇于改革的创新性，让全面深化改革的种子扎根在人民之中，生根发芽并不断成长壮大，形成亿万群众满腔热忱投身改革、万众一心支持改革、齐心协力推动改革的生动局面。

人民群众是全面深化改革的检验者

习近平总书记强调，"人民是我们党的工作的最高裁决者和最终评判者"。要"把是否促进经济社会发展、是否给人民群众带来实实在在的获得感，作为改革成效的评价标准"。时代是出卷人，我们是答卷人，人民是阅卷人，检验改革发展是否成功，要看人民是否共同享有改革发展成果，是否取得真真切切的获得感。"哪里有人民需要，哪里就能做出好事实事，哪里就能创造业绩"，做到人民关心什么、人民期盼什么，改革就要抓住什么、推进什么。从人民所需出发，从人民群众普遍关注、诉求强烈的问题出发，看给人民群众办成了多少实事、解决了多少实际问题，找准改革发展的方向，找到改革发展的突破口，进而明确"改革为了谁，改革谁受益"。全面深化改革落实得好不好、是否取得成效，最终要由人民来评判、由人民来"阅卷"、由人民来打分，要让人民成为评价改革的主体，以人民满意作为检验改革成效的唯一标准。自觉接受人民监督，把全面深化改革的各项具体举措放到实践中去检验，以实绩实效和人民群众满意度检验改革成效。以人民群众是否认可、拥护、满意来检验改革，不断增强人民群众对改革的自信和认同，才能让改革落到实处、解决问题、取得实实在在的成效。

人民群众是全面深化改革的受益者

习近平总书记强调，"为了人民而改革，改革才有意义"，"要坚持以人民为中心，把为人民谋幸福作为检验改革成效的标准，让改革开放成果更好惠及广大人民群众"。中国共产党除了工人阶级和最广大人民群众的利益，没有自己特殊的利益。"抓改革、促发展，归根到底就是为了让人民过上更好的日子。"一百多年来，中国共产党始终坚持人民至上。以习近平同志为核心的党中央深入贯彻以人民为中心的发展思想，注重人民的整体利益、根本利益和长远利益，在幼有所育、学有所教、劳有所得、病有所医、老有所养、住有所居、弱有所扶上持续用力，人民生活全方位改善。让人民群众共享改革发展的成果，是全面深化改革的必然要求。

《决定》提出的"七个聚焦"，从总体上概括了推进中国式现代化的战略重点，其中强调聚焦发展全过程人民民主、聚焦建设社会主义文化强国、聚焦提高人民生活品质，把增进人民福祉作为改革的出发点和落脚点，把人民对美好生活的向往作为党的奋斗目标和前进动力。改革为了人民、改革依靠人民、改革成果由人民共享，通过改革真正给人民带来更多的获得感、幸福感、安全感，将以人民为中心的发展思想落到实处。

人民立场是中国共产党的根本政治立场，是马克思主义政党区别于其他政党的显著标志。中国共产党自成立之日起，始终把全心全意为人民服务作为党的根本宗旨。在全面深化改革、推进中国式现代化的历史新方位上，必须牢牢把握以人民为中心这一重大原则，必须把以人民为中心的根本立场和价值追求贯穿改革始终，进一步增强重任在肩的使命感、功成在我的责任感和只争朝夕的紧迫感，书写全面深化改革新篇章。

《中国社会科学报》2024 年 12 月 10 日第 1 版

谱写人民至上的
中国式现代化新篇章

周宇豪

"人民至上"既是对马克思主义人民立场、观点和方法的一脉相承，也是对新时代以人民为中心的发展思想的创新性概括和系统性总结。它体现了中国共产党人的初心和使命，即为中国人民谋幸福、为中华民族谋复兴。习近平总书记指出，中国共产党根基在人民、血脉在人民、力量在人民。人民对美好生活的向往就是我们的奋斗目标，抓改革、促发展，归根到底就是为了让人民过上更好的日子。新时代推进中国式现代化事业不断向前进，必须紧紧围绕人民所思、所想、所需、所求，不断解放和发展社会生产力，满足人民日益增长的美好生活需要。

中国式现代化体现人民至上的鲜明特质

中国式现代化的最终目标是实现人的自由而全面的发展。从发展的本质讲，中国式现代化的根本目的是实现全体人民共同富裕和促进人的全面发展。这一根本目的体现了中国共产党的初心和使命，即为中国人民谋幸福、为中华民族谋复兴。这一理念强调了人民在现代化进程中的核心地位，体现了以人民为中心的发展思想。习近平总书记指出，"政党要锚定人民对美好生活的向往，顺应人民对文明进步的渴望，努力实现物质富裕、政治清明、精神富足、社会安定、生态宜人，让现代化更好回应人民各方面诉求和多层次需要"。习近平总书记这一重要论述深刻揭示了建设中国式现代化的出发点和落脚点——一切为了人民，体现了中国共产党全心全意为人民服务的宗旨意识，要求在推进中国式现代化的过程中，必须紧紧围绕人民的利益和需求，充分尊重人民主体地位和首创精神。

中国式现代化尊重人民的主体地位和首创精神。作为推动社会进步的决定性力量，人民群众创造历史并不断推动历史向前发展。中国式现代化不是特定个人或群体的事情，而是全体中国人民的事业，必须依靠人民的智慧和力量，激发人民的创造伟力，让人民成为现代化的主体和推动者。在中国式现代化建设实践中，中国共产党始终坚持以人民为中心，充分倾听人民意愿，尊重人民首创精神，保障人民应有权利，发挥人民作用。通过不断聚集民智、民意和民力，不断开创中国式现代化事业新篇章，让现代化建设成果更多更公平惠及全体人民。同时，中国式现代化也注重解决人民群众最关心、最直接、最现实的问题，坚持在发展中保障和改善民生，以实现全体人民共同富裕为重要特征，这进一步体现了现代化发展必须紧紧依靠人民的理念。在推进中国式现代化建设的伟业中，尊重人民的主体地位和创造精神意味着要自觉问计于民、问需于民，着力激发人民的积极性和创造力，汇聚蕴藏在人民中的无穷智慧，凝聚起实现中华民族伟大复兴的磅礴力量。

中国式现代化坚持发展成果公平合理惠及全体人民。习近平总书记指出："发展为了人民，这是马克思主义政治经济学的根本立场。"中国式现代化区别于西方现代化的最本质特征就是坚持以人民为中心，强调"发展为了人民，发展依靠人民，发展成果由人民共享"。这意味着，中国式现代化避免了西方现代化进程中无视人民利益，过度追求资本利益最大化导致贫富差距大、两极分化严重的弊端。中国式现代化发展成果的普惠性和共享性体现了中国共产党的根本宗旨和社会主义的本质要求。具体来说，中国式现代化紧紧围绕回应人民各方面诉求和多层次需要，既增进当代人福祉，又保障子孙后代权益，确保现代化建设成果更多更公平地惠及全体人民。此外，中国式现代化还强调人民是共享的主体，一切以人民为中心。这要求在中国式现代化进程中，必须牢牢扭住保障和改善民生这个着力点，用真心真情着力解决发展中群众遇到的急难愁盼问题，让人民群众有更多获得感、幸福感、安全感。

综合施策全面推进中国式现代化

坚持人民至上谱写中国式现代化新篇章，必须坚定不移深化改革、破除体制机制障碍。中国式现代化创造了人类文明新形态，只有打破那些制约创新、效率和公平的体制机制障碍，才能使中国式现代化行稳致远。一是用改革的思维谋划工作。认真落实党中央决策部署，敢于冲破思想观念障碍，统筹运用多种思维方式，谋划推出务实管用的改革举措。二是用改革的精神破解难题。敢于啃硬骨头，敢于涉险滩，坚决克服思维惯性和路径依赖，破解阻碍现代化发展的难题。三是用改革的办法创新突破。持续抓实抓好重要改革任务，深入推进关键领域改革突破，推动各领域各方面改革举措同向发力，不断增强发展动力。四是强化顶层设计的引领带动作用。从推进现代化的全局进行顶层设计和总体谋划，确保各项改革措施衔接有效、推进有力。五是注重系统集成。在深化改革的过程中，各领域之间的改革是相互联系、相互贯通的，任何一项改革的推进都会对其他领域产生影响。六是鼓励基层创新。通过基层探索找到改革落地的方法，使改革更加精准地对接发展所需、基层所盼、民心所向。七是强化法治保障。通过立法和执法等手段，为打破体制机制障碍提供坚实的法治保障。

坚持人民至上谱写中国式现代化新篇章，必须推动高质量发展。高质量发展是中国式现代化的内在要求和本质要求，也是实现人民对美好生活向往的重要途径。推动高质量发展，意味着要贯彻以人民为中心的发展思想，将"人民至上"贯穿于经济社会发展的全过程。一是深化供给侧结构性改革。通过推进"三去一降一补"任务，增强供给结构对需求变化的适应性和灵活性。二是实施创新驱动发展战略。创新是引领发展的第一动力。要瞄准世界科技前沿，提升关键核心技术创新能力。加大创新人才队伍建设力度，重点培养造就一批具有国际战略发展思维的科技领军人才和创新团队。三是推动区域协调发展。深入实施区域协调发展战略，完善区域发展政策，缩小区域发展差距。建立健全区域合作机制，推动形成优势互补、高质量发展的区域经济布局。四是坚持绿色发展理念。要坚持节约资源和保护环境的基本国策，加快构建生态文明体系，全面推动绿色发展。五是构建新发展格局。这涉及确保经济循环流转畅通、产业关联紧密、持续优化营商环境、培育外贸新动能、巩固外贸外资基本盘、进一步扩大高水平对外开放等多个方面的工作。六是坚持以开放为动力，深化对外开放合作。在更高层次上推进对外开放；积极参与全球经济治理和国际合作；扩大市场准入和投资自由化便利化；深化区域经济合作，打造国际产能合作和国际科技创新合作新平台。

坚持人民至上谱写中国式现代化新篇章，必须加强民生保障。中国式现代化是亿万人民自己的事业，其本质是人的现代化，民生保障在其中占据核心地位。习近平总书记强调，"中国式现代化，民生为大"。加强民生保障是中国式现代化行稳致远的重要基石。搞好民生建设，让现代化建设成果更多更公平地惠及全体人民，是中国式现代化的重要任务。一是牢固树立以人民为中心的发展思想。始终把人民放在心中最高位置，将增进民生福祉作为发展的根本目的。二是加大保障和改善民生力度。通过持续发展强化保障和改善民生的物质基础，切实解决人民群众急难愁盼问题。三是优化公共服务资源配置。推动教育、医疗、养老等公共服务资源向基层延伸、向农村覆盖，缩小城乡、区域差距。四是推动共同富裕。通过高质量发展推动共同富裕，完善收入再分配体制机制，解决地区差距、城乡差距、收入差距问题。五是注重民生福祉的多样性和多层次性。紧紧抓住人民最关心、最直接、最现实的利益问题，努力为广大群众提供更好的教育、更稳定的工作、更满意的收入等。六是坚持系统思维，统筹协调。统筹好尽力而为与量力而行的关系，确保民生保障措施既切实可行又可持续。七是促进人的全面发展。坚持以社会主义核心价值观为引领，促进人的全面发展和社会全面进步。

《中国社会科学报》2025 年 3 月 19 日第 1 版